君を応援《おうえん》する言葉 1

力がわく！偉人《いじん》の名言

監修 白坂洋一

あかね書房

君を応援《おうえん》する言葉① 力がわく！ 偉人《いじん》の名言

もくじ

心を動かす言葉の力

言葉は、日常《にちじょう》のいろいろなところにあふれています。
たとえば、あなたが夢中《むちゅう》になっているアニメやドラマ、
聞いている音楽、読んでいる本、街中で見かけた広告《こうこく》、
だれかのスピーチ、友だちや家族との会話――。

私《わたし》たちは日々《ひび》、さまざまな言葉にふれるなかで、
背中《せなか》をおしてもらったり、笑顔になれたり、
気持ちが少しラクになったりしています。
そしてときには、大切なことに気づかされることもあります。

言葉には、心を動かす力があるのです。

一方で、同じ言葉であっても、
そのときの気持ちや状《じょう》きょうによって、感じ方が変わることもあります。

楽しいとき、さみしいとき、
がんばりたいとき、少しつかれたとき、
好きな人ができたとき、失恋《しつれん》したとき――。

そして、だれかにとっては味方になる言葉が、
だれかにとっては、重荷になってしまうこともあります。

だから、たとえみんなが「そのとおりだ」と口をそろえても、
すべての言葉を受け入れる必要はありません。
自分にとって必要だと思う言葉を、どうか大切にしてください。

この巻《かん》では、偉人《いじん》と呼《よ》ばれる人たちの名言を集めました。
新しい時代をつくり、道を切り開いてきた人たちの力強い言葉は、
何年経《た》っても、たくさんの希望や勇気、愛をあたえてくれるでしょう。

いま、大切にしたい言葉は、ありますか？
あなたを応援《おうえん》してくれる言葉を、探《さが》す旅に出かけましょう。

人生は大たんな冒険《ぼうけん》か、何もないかのどちらかです。

ヘレン・ケラー

1880～1968

作家、活動家

1歳《さい》のときに高熱で視力《しりょく》と聴力《ちょうりょく》を失う。見えない、聞こえない、話せないという三重苦を乗りこえ、障《しょう》がいをもつ人のための教育や福祉《ふくし》のじゅう実をうったえ続けた。

大冒険《だいぼうけん》の連続だった ヘレン・ケラーの人生

新たなことに挑戦《ちょうせん》するのは、不安や苦労がつきものです。でも、目を背《そむ》け続けていては、現状《げんじょう》を変えることはできません。未知の世界を冒険《ぼうけん》することの大切さを教えてくれるのが、アメリカの作家であり、障《しょう》がい者の福祉《ふくし》活動にも力をつくしたヘレン・ケラーです。

1歳《さい》のときにかかった病気で、見ることも、聞くことも、話すこともできなくなったヘレンは、自分では何もできず、おこりっぽくわがまま放題に育ちます。このままではいけないと思った両親は、ヘレンが7歳《さい》のときに家庭教師《きょうし》をむかえます。それが、ヘレンの人生を大きく変える、サリバン先生との出会いでした。

サリバン先生のもと、指の形でアルファベットを示《しめ》す指文字や、先生のくちびるとのどの動きから言葉を読み取ることを覚えたヘレンは、「もっと学びたい！」と願うようになります。そして、多くの苦難《くなん》を乗りこえて、ついには最難関《さいなんかん》といわれるハーバード大学に合格《ごうかく》。その後も自身の経験《けいけん》をつづった本の出版《しゅっぱん》、世界各国での講演《こうえん》活動などを行い、何もできないと思われていたこれまでの障《しょう》がい者のイメージをくつがえす、さまざまな挑戦《ちょうせん》を続けました。

暗やみではなく 喜《よろこ》びに目を向けよう

光も音もない世界で新しいことに挑《いど》み続けるのは、どれほどこわいことでしょう。

▲サリバン先生（右）のくちびるとのどの動きから、言葉を読み取るヘレン・ケラー（左）。

しかし、ヘレンは「人生は大たんな冒険《ぼうけん》か、何もないかのどちらかです」と言っています。暗やみのなかにいながら、勇気をもって冒険《ぼうけん》に飛び出したからこそ、ヘレンは言葉を知り、世界を感じ、きせきのような喜《よろこ》びを得《え》ることができたのです。

また、ヘレンは、こうも言います。

「世の中はつらいことでいっぱいですが、それに打ち勝つことも満ちあふれています」

下を向いたまま、せまい世界しか見えていない状態《じょうたい》では、つらいことはよりつらく思えるだけ。そんなときほど勇気を出して、周りを見ましょう。そこにはきっと、新しい道が続いているはずです。

もっと知りたい

ヘレン・ケラーの名言

顔をいつも
太陽のほうに向けていて。
かげなんて見ていることはないわ

暗やみのなかで生きていたヘレンだからこそ、心の目ではいつも、太陽のような明るい光を見つめていたのかもしれません。

考えてみよう

もしあなたが、成功するかわからない、挑戦《ちょうせん》するのがこわいと思うような場面に出くわしたとき、思い切ってそこに飛びこむことはできるでしょうか？

真の教育には、教師《きょうし》の資格《しかく》と熱意、そして学生の研究心があればいい。

津田梅子《つだうめこ》

1864~1929

教育者

日本初の女子留学生《りゅうがくせい》のひとりとして、6歳《さい》でアメリカにわたり11年間過《す》ごす。帰国後は教師《きょうし》となり、学校づくりや、勉強のための資金《しきん》を集める活動などで女子教育につくした。

写真提供：津田梅子資料室

日本の女子教育を変えた梅子の熱意

6歳《さい》からアメリカで教育を受けて育った津田梅子《つだうめこ》は、1882年（明治15年）に帰国したときに、日本では男女の地位に差があり、女性《じょせい》には学問が必要ないとされている社会に疑問《ぎもん》をもちます。

「女性《じょせい》の立場を変えたい！」と梅子は教《きょう》師《し》になりますが、学校は結婚《けっこん》をするまで過《す》ごすだけの場所と考える生徒が多く、梅子の思いはなかなか伝わりません。けれど、なかには積極的に学びたいと思っている生徒もいました。梅子はそうした生徒のために、自分で学校をつくる決心をします。

そして1900年（明治33年）、女子のための学校、女子英学塾《じょしえいがくじゅく》（現・津田塾大学《つだじゅくだいがく》）が誕生《たんじょう》しました。梅子は開校式のあいさつで、「真の教育には、教師《きょうし》の資格《しかく》と熱意、そして学生の研究心があればいい」と語りました。立派《りっぱ》な校舎《こうしゃ》や設備《せつび》よりも、教師《きょうし》と学生の意志《いし》が何よりも大切だという意味です。梅子の教えは少しずつ広がり、女子英学塾には熱意のある生徒が多く集まるように。やがて、教師《きょうし》や通訳《つうやく》、政治家《せいじか》など、社会で女性《じょせい》が活やくする道を切り開いていったのです。

写真提供：津田梅子資料室

▲女子英学塾《じょしえいがくじゅく》、最初の校舎《こうしゃ》の前庭にて。前列中央に津田梅子《つだうめこ》。

「学びたい」という気持ちを大切にしよう

梅子は、「学びたいと思う女性《じょせい》にチャンスを」と願って、そのためのお金を用意する奨学金制度《しょうがくきんせいど》にも力を入れました。そんな

梅子の教育への熱意は人々《ひとびと》の心を動かし、学校の設立《せつりつ》、運営《うんえい》、資金《しきん》集めに、たくさんの人が協力してくれました。

何かを学びたい、やりたいと思っても、さまざまな理由で、環境《かんきょう》が整わないこともあるでしょう。でも、いちばん必要なのは「学びたい」という熱意です。

梅子のように、あきらめない意志《いし》をもち続けることができれば、必ず道は開けるはず。その気持ちがあれば、きっと協力してくれる人が現《あらわ》れ、環境《かんきょう》は後からついてきます。あきらめずに、まずは今、できることから始めてみましょう。

もっと知りたい

津田梅子の名言

何かを始めることは易《やさ》しいが、それを継続《けいぞく》することは難《むずか》しい。成功させることはなお難《むずか》しい

女子教育に力をつくした梅子。前例のないことにチャレンジし続けることの大変さを表しています。

考えてみよう ?

現在《げんざい》でもさまざまな理由から、希望がかなわなかったり、うまくいかなかったりすることがあります。やりたいことがあるのにできないと感じたとき、あなたはどうしますか？

理想をもち、信念に生きよ。

織田信長《おだのぶなが》
1534～1582

戦国武将《ぶしょう》

戦国時代、日本を天下統一《とういつ》に導《みちび》いた三大武将《ぶしょう》のうちのひとり。尾張国《おわりのくに》（現《げん》・愛知県）の統一《とういつ》に始まり約200年続いた室町幕府《ばくふ》もほろぼすが、家臣の裏切《うらぎ》りにあい、天下統一《とういつ》を前にしてたおれる。

どんな時代でも理想と信念が大切

「理想をもち、信念に生きよ。理想や信念を見失った者は、戦う前から負けている。そのような者は廃人《はいじん》と同じだ」

そう言ったとされるのは、戦国時代、数々《かずかず》の大名をたおして、日本をひとつにする〝天下統一《とういつ》〟を目指した武将《ぶしょう》・織田信長《おだのぶなが》です。自分の理想をもち、それを信じて生きることで強くいられるのだという信長のメッセージは、今の時代にもピタリと当てはまるような気がしませんか。

信長が生きた戦国時代の日本は、小さな国がたくさん集まったような状態《じょうたい》で、それぞれの国が所有している土地を広げようと戦い合っていました。勝った者が正義《せいぎ》となる、そんな時代においては、こうありたいという理想をえがき、自分を信じなければ生き残ることはできません。信長は、戦《いくさ》に鉄ぽう隊を取り入れたり、実力のある者は身分に関係なく出世させたりと、当時は常《じょう》識破《しきやぶ》りといわれるさまざまな行動で、地方のいち大名から全国に名が知られるまでにのし上がりました。国内の戦《いくさ》がなくなりひとつの大きな国になる天下統一《とういつ》という理想に向かい、迷《まよ》いなく進んだからこそできたことでしょう。

自由な生き方や、いろいろな価値観《かちかん》が認《みと》められるようになり、かえって「自分がどうありたいか」の答えを出すのが難《むずか》しくなった現在《げんざい》。そんなときこそ、理想と信念が必要です。あなたの目標は何でしょう？　やりたいことや夢《ゆめ》はありますか？　自分の信じる道を、考えてみてください。

学びを深める

ほかにも信長が行った常識破《じょうしきやぶ》りに“楽市楽座《らくいちらくざ》”があります。制限《せいげん》があった組合への加入や納税《のうぜい》などを取りやめ、だれでも自由に商売をできるようにして、経済《けいざい》を発展《はってん》させました。

世の人は 我《われ》を何《なに》とも 言わば言え 我《わ》がなすことは 我《われ》のみぞ知る

坂本龍馬《さかもとりょうま》
1836~1867

土佐藩士《とさはんし》

幕末《ばくまつ》に活やくした志士《しし》のひとり。薩摩藩《さつまはん》と長州藩《ちょうしゅうはん》の同盟《どうめい》を成立させたり、江戸幕府《えどばくふ》が政治《せいじ》の権力《けんりょく》を天皇《てんのう》に返す大政奉還《たいせいほうかん》を提案《ていあん》したり、明治維新《めいじいしん》に欠かせない役割《やくわり》を果たしたといわれている。

写真提供：国立国会図書館

人の評価《ひょうか》より自分の心の声を聞こう

坂本龍馬《さかもとりょうま》が残したこの和歌は、今の言葉に訳《やく》すと次のようになります。「だれに何と言われてもかまわない。自分のすべきことは自分だけが知っていればいい」

この言葉のとおり、龍馬は世間の常識《じょうしき》や悪口などを気にせず、自分の信じる道をまっすぐに生きた人でした。

19歳《さい》のとき、アメリカからやって来た黒船を見て海外に興味《きょうみ》をもった龍馬は、土佐《とさ》藩《はん》をぬけ、世界を見すえた考えをもっていた勝海舟《かつかいしゅう》の弟子になります。のちには、日本初の貿易《ぼうえき》会社といわれる亀山社中《かめやましゃちゅう》を設《せつ》立《りつ》。海外と商売をすることを夢《ゆめ》見ます。

その後は、江戸幕府《えどばくふ》をたおして日本を強い国にするために、犬猿《けんえん》の仲だった薩摩藩《さつまはん》と長州藩《ちょうしゅうはん》が手を組むよう間に入ったり、政《せい》治《じ》の権力《けんりょく》を幕府《ばくふ》から天皇《てんのう》に返す大政奉還《たいせいほうかん》をまとめたりと、日本の歴史《れきし》を大きく動かしていきました。

龍馬のこうした行動は、世間からしたらかなりとっぴに思えるものでした。藩《はん》をぬけること自体、当時は重罪《じゅうざい》でしたが、それでも龍馬は新しい日本のためにつき進んだのです。世間がどう言おうと迷《まよ》いなく行動できたのは、龍馬のなかに自分で決めた一本の道がしっかりと通っていたからでしょう。

もし、あなたの夢《ゆめ》をだれかが笑ったり、できっこないと言ってきたりしたときは、この言葉を思い出してみてください。そして、他人の意見や評価《ひょうか》ではなく、自分の心に目を向けましょう。そうすれば、進むべき道が見えてくるはずです。

言葉のちえ

心に決めた目標を最後までつらぬき通すことを「初志貫徹《しょしかんてつ》」といいます。「初志《しょし》」は思い立ったときの最初の気持ち、「貫徹《かんてつ》」はやり通す、つらぬき通すことです。

細《さい》心《しん》にして大たんなれ

渋《しぶ》沢《さわ》栄《えい》一《いち》

1840〜1931

実業家

銀行、鉄道、物流、保険《ほけん》など、約500の会社を立ち上げ、日本の経済《けいざい》の仕組みを築《きず》いた実業家。一方で、福祉《ふくし》や教育にも力を注ぎ、アメリカとの民間国際《こくさい》交流も盛《さか》んに行った。

写真提供：国立国会図書館

細かな計画を立てつつも大たんさを失うべからず！

「細心《さいしん》にして大たんなれ」この言葉には、「細やかな準備《じゅんび》と大たんな発想、そのふたつを合わせもってこそ、大きなことができる」という意味がこめられています。これは仕事の成功について語られたものですが、勉強やスポーツ、芸術《げいじゅつ》など、あらゆるシーンで当てはまる気がしませんか？

この言葉を残した渋沢栄一《しぶさわえいいち》は、銀行や鉄道、ガスや電気など、今の私《わたし》たちの生活を支《ささ》え、日本経済《けいざい》の土台となる大事業を、明治から昭和にかけて次々《つぎつぎ》と立ち上げた実業家です。

栄一は、身分やその時代の常識《じょうしき》にとらわれない、軽やかでバランス感覚の優《すぐ》れた人でした。農家の生まれながらも、江戸《えど》時代末期には世の中を変えるための運動に参加したのち、武士《ぶし》になります。徳川幕府《とくがわばくふ》の家臣になると、将軍《しょうぐん》の徳川慶喜《とくがわよしのぶ》に命じられ、フランスで行われるパリ万国博覧会《ばんこくはくらんかい》に出席することに。このとき、中国（清《しん》）やエジプト、シンガポールなどに寄《よ》り、ヨーロッパをめぐる旅で銀行や株式《かぶしき》会社の仕組みを知ります。栄一はその発展《はってん》した経済《けいざい》にしょうげきを受け、「これを日本にもち帰ろう！」と熱心に勉強をしたのです。

環境《かんきょう》の変化に合わせたじゅうなんな発想も大切

栄一がフランスにいるちょうどそのとき、日本は江戸《えど》から明治へと時代が移《うつ》り、明治維新《めいじいしん》により世の中は大きな変化をむかえます。帰国した栄一は、ヨーロッパで得《え》た知識《ちしき》などが買われ、新しい国のシステムづくりを任《まか》されました。しかし、社会が豊《ゆた》かになるには民間の会社の成長が必要だと感じると、役人をやめて実業家に。多くの会社や事業を立ち上げるだけでなく、社会福祉《ふくし》や民間国際《こくさい》交流なども活発に行い、日本を引っぱっていったのでした。

歴史《れきし》に残る大たんな革新《かくしん》を行いながらも、それが未来へとつながるよう、細やかな計画も欠かさなかった栄一。せん細さと大たんさ、反対に思えるそのふたつを大切にすることで、新たなとびらが開けるのだと教えてくれています。

写真提供：渋沢栄一記念財団

▲日米の交流と平和を願ってアメリカからおくられた、青い目の人形を手にする渋沢栄一《しぶさわえいいち》。

もっと知りたい

渋沢栄一の名言

長所はこれを発揮《はっき》するに努力すれば、短所は自然に消めつする

人には長所も短所もありますが、長所をのばせば、短所は自然と目立たなくなるという意味。自分の強みを生かすことの大切さを伝えています。

言葉のちえ ！ 一見すると対立しているように思えるものが、実はぴったりと重なっていて、切りはなすことができないことを「表裏《ひょうり》一体」といいます。

君は君 我《われ》は我《われ》也《なり》 されど仲よき

武者小路実篤《むしゃこうじさねあつ》

1885～1976

作家、画家

友人らと雑誌《ざっし》『白樺《しらかば》』を創刊《そうかん》し、以後60年にわたり文学活動を続ける。自身の理想を求めた村の建設《けんせつ》や画家としての活動も行う。代表作に『おめでたき人』『友情』など。

写真提供：国立国会図書館

ちがいを認《みと》め合うことで みんな仲よくなれる

これは、明治から昭和にかけて活やくした作家、武者小路実篤《むしゃこうじさねあつ》がよく色紙に書いていた言葉です。「君には君らしさがあり、私《わたし》には私《わたし》らしさがある。一人ひとりちがうけれど、仲よくすることができる」という意味がこめられています。

実篤は、人々《ひとびと》が自分らしく、あるがままでいることを大切にした人でした。20代で文学活動を始めると、文学はこうあるべきだというそれまでの風潮《ふうちょう》に反発し、仲間たちと『白樺《しらかば》』という雑誌《ざっし》をつくります。自分たちの個性《こせい》を尊重《そんちょう》したこの雑誌《ざっし》は多くの若者《わかもの》から支持《しじ》され、実篤は新しい文学界を引っぱる存在《そんざい》になりました。30代では、作家として活動するかたわら、「だれもが平等に人間らしい生活ができるように」という理想のもと、宮崎県に〝新しき村〟という村を建設《けんせつ》します。この村では、人々《ひとびと》が健《すこ》やかに仕事をしながら自由を楽しみ、たがいを尊重《そんちょう》し合って暮《く》らしました。実篤のいう個性《こせい》とは、その人の人生や生命そのものでもあったのです。

だれかと意見がくいちがったとき、価値《かち》観《かん》が合わなかったとき、つい相手を否定《ひてい》してしまったり、「この子とは仲よくなれない」と思ってしまったりしますよね。でも、一人ひとりちがうのは当たり前です。実篤のように、おたがいを認《みと》め合う姿勢《しせい》をもつことができれば、世界はもっと広がります。それが人との深いきずなや、自分の成長にもつながるはず。君は君で、私《わたし》は私《わたし》。理解《りかい》し合って、生きていきましょう。

言葉のちえ！

人が10人いれば、十通りの個性《こせい》がある。物事の考え方や好みは、人それぞれであることを「十人十色《じゅうにんといろ》」といいます。

ことわざ、四字熟語《よじじゅくご》、故事成語《こじせいご》のちがい

ことわざ、四字熟語《よじじゅくご》、故事成語《こじせいご》にも名言とされるものがありますが、それぞれどんなものか、きちんと知っていますか？　ここでは、座右《ざゆう》の銘《めい》（39ページ）にも使える言葉とともに、そのちがいをしょうかいします。

ことわざ

古くから言い伝えられてきた、暮《く》らしに役立つちえや教訓などを短い言葉で表したもの。昔の人が得《え》た経験《けいけん》をもとに、生活のヒントになるようなものが多い。

● 善《ぜん》は急げ

よいと思ったことは、ためらわずにすぐに行動に移《うつ》したほうがいいということ。

● 笑《わら》う門《かど》には福来《ふくきた》る

楽しい笑い声がいつも聞こえてくるような家には、自然と幸福が訪《おとず》れるものだということ。

● 早起きは三文の徳

朝早く起きれば健康にもよく、それだけ勉強や仕事もはかどり、何かといいことがあるということ。

四字熟語《よじじゅくご》

四つの漢字でできた熟語《じゅくご》のこと。似《に》た意味の熟語《じゅくご》（例：正々堂々《せいせいどうどう》）、反対の意味の熟語《じゅくご》（例：外柔《がいじゅう》内剛《ないごう》）、主語と述語《じゅつご》の関係（例：有言実行）など、さまざまな組み合わせがある。

● 正々堂々《せいせいどうどう》

態度《たいど》や行いが正しくて立派《りっぱ》なこと。

● 日進月歩《にっしんげっぽ》

日に日に、絶《た》えず進歩すること。

● 外柔内剛《がいじゅうないごう》

外見はおだやかそうだが、心のなかはしっかりしていること。

● 有言実行

自分の言動に責任《せきにん》をもち、言ったことは必ず実行するということ。

故事成語《こじせいご》

昔のできごとや文章、言い伝えなど（故事《こじ》）をもとにつくられた言葉。中国でうまれたものがほとんどで、人生のヒントや教え、物事の本質《ほんしつ》などを示《しめ》している。

● 先んずれば人を制《せい》す

何事も人より先に行えば、有利な立場に立つことができるということ。

● 大器晩成《たいきばんせい》

大きな器は早くつくり上げることができないように、本当の大物になる人は、世に出るまでに時間がかかるということ。

● 雨だれ石をうがつ

小さな雨つぶでも、同じ場所に落ち続ければ岩に穴《あな》をあけるように、小さなことでも根気強く続ければ、大きな成果につながるということ。

つながる人物×名言

名言相関図

この本で登場する同じ時代を生きた人たちは、実はつながりがある人も。彼《かれ》らがえいきょうを受けた人や名言とともに、その関係を見ていきましょう。

伊藤博文《いとうひろぶみ》

1841～1909

政治家《せいじか》。10代で吉田《よしだ》松陰《しょういん》に学ぶ。政治家《せいじか》になった後は、内閣《ないかく》制度《せいど》や憲法《けんぽう》をつくるなどして活やく。初代内閣総理大臣《ないかくそうりだいじん》。

「大いにくっする人をおそれよ、いかに剛《ごう》にみゆるとも、言動に余裕《よゆう》と味のない人は大事をなすにたらぬ」

（いちばんこわいのは、えらそうにしない人だ。いかに強そうに見えても、言動に余裕《よゆう》がなく、おもしろみもないような人には、大したことはできない）

「女性《じょせい》よ自立しなさい。自分の足で立ちなさい」

イギリスの看護師《かんごし》。世界初の看護《かんご》学校の設立《せつりつ》など、現代看護《げんだいかんご》の基《き》そを築《きず》く。クリミア戦争では、負傷《ふしょう》した兵士への看護《かんご》で活やく。

フローレンス・ナイチンゲール

1820～1910

尊敬《そんけい》：イギリスで対面。日本の女性《じょせい》の地位の低さを相談する。

応援《おうえん》：津田梅子の活動を応援《おうえん》する。

サポート：アメリカから帰国後、伊藤家《いとうけ》で住みこみの家庭教師《きょうし》をする。

サポート：英語教師《きょうし》の仕事をしょうかいするなど、サポートする。

明治新政府《しんせいふ》でともに働く

津田梅子《つだうめこ》

1864～1929

「真の教育には、教師《きょうし》の資格《しかく》と熱意、そして学生の研究心があればいい」

▶8ページ

応援《おうえん》：津田梅子の活動を応援《おうえん》する。

尊敬《そんけい》：アメリカで行われた万国婦人《ばんこくふじん》連合大会《れんごうたいかい》で会う。ヘレンの努力にしげきを受ける。

渋沢栄一《しぶさわえいいち》

1840～1931

「細心《さいしん》にして大たんなれ」

▶12ページ

「人生は大たんな冒険《ぼうけん》か、何もないかのどちらかです」

▶6ページ

ヘレン・ケラー

1880～1968

写真提供：津田梅子資料館、国立国会図書館

松下村塾《しょうかそんじゅく》でともに学ぶ

高杉晋作《たかすぎしんさく》
1839 ~ 1867

**「おもしろき
こともなき世を
おもしろく」**

（おもしろくない世の中を変えるにはどうすればいいか）

幕末《ばくまつ》に活やくした志士《しし》のひとり。10代で吉田松陰《よしだしょういん》に学ぶ。松陰の死後は奇兵隊《きへいたい》を結成し、江戸幕府《えどばくふ》をたおすために活動する。

吉田松陰《よしだしょういん》
1830 ~ 1859

**「一月《ひとつき》にして能《よ》くせずんば、
則《すなわ》ち両月にして之《こ》れを為《な》さん。
両月にして能《よ》くせずんば、
則《すなわ》ち百日にして之《こ》れを為《な》さん。
之《こ》れを為《な》して成らずんば、やめざるなり」**

（1か月でやりとげることができないならば、2か月かけてやればよい。2か月でできなければ、百日かけてやればよい。できないからといって決して途中《とちゅう》で投げ出さないことだ）

武士《ぶし》、思想家、教育者。松下村塾《しょうかそんじゅく》を開き、高杉晋作《たかすぎしんさく》や伊藤博文《いとうひろぶみ》など幕末《ばくまつ》に活やくした多くの人材を育成。29歳《さい》で処《しょ》けいされる。

先生
松下村塾《しょうかそんじゅく》で
教える。
先生
松下村塾《しょうかそんじゅく》で
教える。
先生
藩士《はんし》を育てる
学校で教える。
兄弟のような関係
新時代を目指す
兄弟のような関係

木戸孝允《きどたかよし》
／桂小五郎《かつらこごろう》
1833 ~ 1877

幕末《ばくまつ》から明治にかけて活やくした政治《せいじ》家《か》。長州藩《ちょうしゅうはん》のリーダーで、1866年には薩長同盟《さっちょうどうめい》を成立させて幕府《ばくふ》をたおす。

**「大道《だいどう》行くべし、
又《また》何ぞ防《ふせ》げん」**

（信念をもって自分の道を進めば、その道をさまたげるものは何もない）

坂本龍馬《さかもとりょうま》
1836 ~ 1867

**「世の人は我《われ》を
何《なに》とも言わば言え
我《わ》がなすことは
我《われ》のみぞ知る」**

▶11ページ

薩摩藩《さつまはん》との
同盟《どうめい》をもちかける。
長州藩《ちょうしゅうはん》との
同盟《どうめい》をもちかける。
薩長同盟《さっちょうどうめい》を結ぶ
師匠《ししょう》
弟子
信らい関係を築《きず》く

勝海舟《かつかいしゅう》
1823~1899

幕末《ばくまつ》・明治の政治家《せいじか》。30代で渡米《とべい》し、早くから海外の知識《ちしき》を身につける。幕府側《ばくふがわ》の役人として、戦わずに江戸《えど》城《じょう》を明けわたす江戸《えど》城無血開城《じょうむけつかいじょう》を実現《じつげん》。

**「行蔵《こうぞう》は我《われ》に存《ぞん》す。
毀誉《きよ》は他人の主張《しゅちょう》、
我《われ》に関せず」**

（行いは己《おのれ》のもの。批判《ひはん》は他人のもの。私《わたし》の知ったことではない）

西郷隆盛《さいごうたかもり》
1828 ~ 1877

**「天の道を行う者は、
天下こぞってそしっても
くっしない。
その名を天下こぞって
ほめてもおごらない」**

（正しいとされる道にしたがう人は、世間から悪く言われても負けることはない。みんなからほめたたえられても思いあがることはない）

幕末《ばくまつ》から明治にかけて活やくした政治家《せいじか》。薩摩藩《さつまはん》のリーダーで、1866年には薩長同盟《さっちょうどうめい》を成立させて幕府《ばくふ》をたおす。

私《わたし》は失敗したことがない。ただ、一万通りのうまくいかない方法を見つけただけだ。

トーマス・エジソン
（1847〜1931）

発明家

白熱電球、蓄音機《ちくおんき》、活動写真などを生み出した、アメリカの発明家。およそ1300もの発明品をつくって私《わたし》たちの生活を豊《ゆた》かにし、音楽や映画《えいが》などを身近なものにした。

失敗があるからこそ次へ進める

「失敗したくない！」きっとだれでも、そんなふうに思いますよね。でも、成功者といわれる人ほど、多くの失敗をくり返していることを知っていますか。

発明王と呼《よ》ばれるエジソンは、まさに〝失敗王〟でもありました。子どものころは物《もの》が燃《も》える仕組《しく》みを知りたくて納屋《なや》を燃《も》やしてしまったり、木が水にうくのはなぜかを調べていたら湖に落ちておぼれかけたりしたことも。発明家になっても実験と失敗のくり返しです。エジソンの代表的な発明品である長時間光り続ける白熱電球も、ガラス玉の中心にある光る部分（フィラメント）の素材《そざい》を見つけるまでに一万回以上も失敗をくり返したといいます。でも、エジソンはそんなことはまったく気にしませんでした。新聞記者に一万回失敗したことを指てきされても、平然と答えています。

「私《わたし》は失敗したことがない。ただ、一万通りのうまくいかない方法を見つけただけだ」

失敗は「できないことがわかった」という発見であり、次へ進むために必要なステップなのです。

▲エジソンと、自身が発明した初期の蓄音機《ちくおんき》（レコードを再生《さいせい》する機械）。

本当の失敗はあきらめてしまうこと

エジソンの発明の方法は、友人とアイデアを出し合い、思いついたものはどんどん試していくというものでした。失敗続きで仲間が落ちこんでいても、エジソンだけは

くじけず、「失敗すればするほど、成功に近づいているのだ！」と楽しむ心を忘《わす》れなかったといいます。

エジソンはこんな言葉も残しています。「私《わたし》たちの最大の弱点はあきらめることにある。成功するのに最も確実《かくじつ》な方法は、常《つね》にもう一回だけ試してみることだ」

失敗するのは悪いことではなく、成功につながるヒントを得《え》たということ。おそれずにどんどん失敗しましょう。「もう一回、もう一回！」とあきらめずにくり返した先に、きっと成功が待っているはずです。

もっと知りたい

トーマス・エジソンの名言

世の中のだれもが納得《なっとく》するような常識的《じょうしきてき》な考え方をしていたのでは、新しいものなど作り出せはしない

エジソンだからこそ言える力強いひと言。みんなを、あっ！ とおどろかせる新しいとびらを開くためには、自分のなかの常識《じょうしき》を捨《す》ててみることも大切なのです。

学びを深める

白熱電球の光る部分（フィラメント）の実験に約六千種類もの素材《そざい》を試したエジソンですが、最終的にたどりついたのは、京都府八幡市《やわたし》の竹。これにより、白熱電球は誕生《たんじょう》しました。

やっぱり、私《わたし》は、人間を信じているということなのじゃないかな。

三淵嘉子《みぶちよしこ》

1914〜1984

弁護士《べんごし》、裁判官《さいばんかん》

日本で初めて司法試験に合格《ごうかく》した女性《じょせい》３名のうちのひとりで、女性初《じょせいはつ》の弁護士《べんごし》、裁判官《さいばんかん》、裁判所長《さいばんしょちょう》。48歳《さい》で家庭裁判所《さいばんしょ》の裁判官《さいばんかん》となり、その後は少年事件《じけん》に向き合い続けた。

どんな少年・少女にも決して希望を失わない

三淵嘉子《みぶちよしこ》は、日本初の女性弁護士《じょせいべんごし》として、法律《ほうりつ》の世界で女性《じょせい》が活やくする道を切り開いた人です。どんな事件《じけん》もひたむきに取り組んだ嘉子ですが、特に力を注いだのが、家庭裁判所《さいばんしょ》での少年事件《じけん》でした。

嘉子が家庭裁判所《さいばんしょ》の裁判官《さいばんかん》になったころ、社会では未成年の犯罪《はんざい》が増加《ぞうか》し続け、彼《かれ》らへ向けられる世間の目も厳《きび》しさを増《ま》すばかりでした。でも、嘉子は少年たちに対して説教をしたり、悪い人間だと決めつけたりはせず、なぜ事件《じけん》を起こしたのか、一人ひとりの話をまっすぐに聞きました。そしてときには少年とともになみだを流し、「君は立ち直ることができる。だいじょうぶですよ」と語りかけたのです。こうして生がいを通して実に五千人の非行《ひこう》少年・少女と向き合い、生き方を説《と》いていきました。

なぜ、少年たちにそこまで寄《よ》りそうことができたのか。記者から質問《しつもん》された嘉子は、こう答えています。

「やっぱり、私《わたし》は、人間を信じているということなのじゃないかな――だからどんなに悪いといわれている少年でも、必ずこの少年は、どこかいいところがあって、よくなるのじゃないかと希望を失わないです」

今、あなたが何かに苦しんでいるとして、それを相談できる大人はいますか？　もしいないとしたら、一度そこから飛び出してみてください。あなたを信じ、守ろうとしてくれる嘉子のような人が、この世界のどこかに必ずいます。だからどうか、未来を見捨《みす》てないで。きっと、だいじょうぶです。

学びを深める

三淵嘉子は1955年、広島と長崎に落とされた原ばくは国際法違反《こくさいほういはん》だとして、原ばくの被害《ひがい》を受けた人たちが国をうったえた「原ばく裁判《さいばん》」でも裁判官《さいばんかん》を務《つと》めました。

大切なのは、どれだけたくさんのことをしたかではなく、どれだけ心をこめたかです。

マザー・テレサ

1910～1997

修道女《しゅうどうじょ》

修道女《しゅうどうじょ》となり、修道院《しゅうどういん》の教師《きょうし》として学校や孤児院《こじいん》の開設《かいせつ》などにも力をつくす。生がいにわたって貧《まず》しい人々《ひとびと》を救《すく》うために活動し、1979年にはノーベル平和賞《へいわしょう》を受賞《じゅしょう》した。

大きなことはできなくても ひとつのことをていねいに

　私《わたし》たちはつい、目に見える大きな成果や喜《よろこ》びを求めてしまいがちですが、本当に大切なのはその中身で、どれだけていねいに心をこめて行ったのかが重要だと、マザー・テレサは言っています。

　インドの貧《まず》しい人たちが暮《く》らすスラム街を中心に、めぐまれない人々《ひとびと》のために活動を続けたマザー・テレサは、もともと修道《しゅうどう》院《いん》の学校の先生でした。でも、36歳《さい》のときに「貧《まず》しい人々《ひとびと》のために働きなさい」という神様の声を聞き、すべてを捨《す》てて修道院《しゅうどういん》をはなれ、スラム街で暮《く》らし始めます。

　マザー・テレサの活動は次第に世界中に知られ、その活動内容《ないよう》も大きくなっていきましたが、彼女《かのじょ》自身は、常《つね》に目の前の人に手を差しのべることを大切にしていました。おなかを空かしている人がいれば食べものをあたえ、学校に行けない子どもがいれば勉強を教える。こうした心のこもった活動が、人々《ひとびと》を動かしていったのです。

　また、マザー・テレサはこんな言葉も残しています。

「多くの人々《ひとびと》を助けることができなくても、ひとりならどうですか？」

　大きなことができなくてもいいのです。ごうかな花束が買えなくても、一輪の花をプレゼントするだけで、相手は喜《よろこ》んでくれるでしょう。たくさんのお金を募金《ぼきん》できなくても、十円だけでも、世界のだれかを救《すく》うことができるかもしれません。大切なのは、自分に何ができるかを考え、心をこめてそれを行うことなのです。

学びを深める　マザー・テレサは1979年にノーベル平和賞《へいわしょう》を受賞《じゅしょう》したとき、記念のパーティーを断《こと》わり、賞金《しょうきん》をすべての貧《まず》しい人たちの食料や生活のための費用に使いました。

人に熱と誠《まこと》があれば何事も達成する

北里柴三郎《きたさとしばさぶろう》

1853～1931

細菌《さいきん》学者

感染《かんせん》しょうの原因《げんいん》となる菌《きん》を数多く発見し、治りょう法や予防法《よぼうほう》を開発した世界的な細菌《さいきん》学者。病院や研究機関の設立《せつりつ》、医学者の指導《しどう》にも力を注ぎ、近代日本医学の基《き》そを築《きず》いた。

写真提供：北里柴三郎記念博物館

あきらめない男が見出した成功の秘《ひ》けつ

何かを達成するには、熱意と誠意《せいい》が必要だと語ったのは、さまざまな感染《かんせん》しょうの治りょう法を開発した細菌《さいきん》学者で、千円札の顔としても知られる北里柴三郎《きたさとしばさぶろう》です。

柴三郎はがんこで、決めたことは必ずやり通す強い心の持ち主でした。当時、傷口《きずぐち》から入った菌《きん》が全身にしびれを起こし、悪化すると死にいたる破傷風《はしょうふう》というこわい病気が流行していました。予防《よぼう》や治りょう法を見つけるためには、破傷風菌《はしょうふうきん》だけを取り出し、増《ふ》やして調べる必要がありました。

ドイツ留学中《りゅうがくちゅう》の柴三郎もこの研究に加わりますが、研究《けんきゅう》はとても難《むずか》しく、多くの人があきらめかけていたといいます。しかし柴三郎は、絶対《ぜったい》にあきらめませんでした。それは、伝染病《でんせんびょう》から人々《ひとびと》を守りたいという熱意と誠意《せいい》があったからです。そして柴三郎は36歳《さい》のとき、世界で初めて破傷風菌《はしょうふうきん》を増《ふ》やす方法を発見。不治《ふじ》の病《やまい》とされていた破《は》傷風《しょうふう》の治りょう法を見つけ出したのです。

世の中は決して行きづまらない！

「人に熱と誠《まこと》があれば何事も達成する」

これは、ドイツ留学中《りゅうがくちゅう》の柴三郎のもとに友人の荒木寅三郎《あらきとらさぶろう》が訪《おとず》れたときにかけた言葉だといわれています。そのころ、寅三郎は生物の体の機能《きのう》などを研究していましたが、難《むずか》しく根気のいる作業につかれ、行きづまりを感じていました。そんな彼《かれ》に柴三郎は、「世の中は決して行きづまらぬ。もし行きづ

写真提供：北里柴三郎記念博物館

▲破傷風《はしょうふう》の治りょう法発見を記念した一枚。手には、北里柴三郎《きたさとしばさぶろう》が考案した破傷風菌《はしょうふうきん》の実験装置《そうち》が。

まったとしたら、それは人に熱意と誠意《せいい》がないからだ」と言ったそうです。柴三郎ならではの厳《きび》しい言葉ですが、これで奮《ふる》い立った寅三郎は、再《ふたた》び研究に打ちこみました。

何かを一生けん命がんばるほど、不安や困難《こんなん》なことが出てきて、立ち止まってしまうことがありますよね。前に進むのを迷《まよ》ったときは、自分に問いかけてみてください。

「やりたい」という熱意はある？

誠実《せいじつ》に努力することができる？

進む先にある結果は自分の心もち次第だと、柴三郎が教えてくれています。

もっと知りたい

北里柴三郎の名言

人と交わり世に処《しょ》するには
正直であれ、忠実《ちゅうじつ》であれ、
約束したことは必ず実行せよ

生きていく上での人との接《せっ》し方を説《と》いた言葉。自分のやるべきことに対しても、人に対しても、常《つね》に誠実《せいじつ》だった柴三郎の性格《せいかく》がうかがえます。

考えてみよう ？

高い目標に向かっているなかで、周りの人たちがあきらめかけてしまったとき、あなたならどうしますか？　みんなの気持ちを奮《ふる》い立たせるために、どんな言葉をかけますか？

人生は近くで見れば悲劇《ひげき》だが、遠くから見れば喜劇《きげき》だ。

チャールズ・チャップリン

1889~1977

映画監督《えいがかんとく》、俳優《はいゆう》

山高ぼうにちょびヒゲ、ステッキを持つキャラクターを生み、『モダン・タイムス』『街《まち》の灯《ひ》』など多くの喜劇映画《きげきえいが》を制作《せいさく》。世界中でヒットし「喜劇王《きげきおう》」と呼《よ》ばれる。

どんな出来事も見方を変えてみよう

チャップリンの映画《えいが》は、人生の困難《こんなん》や貧《まず》しさがコミカルにえがかれるのが特ちょうです。劇中《げきちゅう》、主人公はさまざまなトラブルに見まわれますが、観客はその様子に笑い声をあげます。「人生は近くで見れば悲劇《ひげき》だが、遠くから見れば喜劇《きげき》だ」とは、どんな出来事も、見方次第で悲劇《ひげき》にも喜劇《きげき》にもなり得《う》るということです。

チャップリンのこの言葉には、彼《かれ》の人生そのものが反映《はんえい》されています。俳優《はいゆう》・映画《えいが》監督《かんとく》として世界的な人気者となったチャップリンですが、子どものころは、両親の離《り》婚《こん》と母親の病気のため、貧《まず》しい生活を送っていました。母親が入院したときには、自分で少ないお金をかせぎながら、ひとりで暮《く》らしていたこともあったそうです。でも、どんなに貧《まず》しくても、さびしくても、舞台《ぶたい》に立つ夢《ゆめ》は捨《す》てませんでした。そんな苦しい経験《けいけん》をしているからこそ、どんな困難《こんなん》も笑いに変えて、人々《ひとびと》に希望をあたえる作品を生み出すことができたのでしょう。

たとえばテストで0点をとったとき、好きな人にふられたとき、大事な場面で失敗してしまったとき……。そのときは悲しく感じても、客観的に見ると笑い話になることがあります。だから、つらいことがあったときには、視点《してん》を変えてみてください。そうすることで心が軽くなり、上を向くことができるかもしれません。

もしかするとチャップリンも、彼《かれ》自身の人生を喜劇《きげき》として笑い飛ばすことで、昔の自分を救《すく》っていたのかもしれませんね。

学びを深める

チャップリンの言葉に「笑いのなかった一日はムダな一日だ」というものもあります。大変なときはつい難《むずか》しい顔ばかりしてしまいますが、そんなときこそ、笑うことが大切なのです。

より道
名言

かんちがい？　本当に言った？

実はまちがいな名言

有名な名言のなかには、本来とはちがう意味合いで広まったものや、
そもそも、その人の言葉ではないものなどがあります。ここではそんな、実はまちがいな名言をしょうかいします。

かんちがいされやすい！ 名言

「天才とは、1%のひらめきと99%の努力である」

トーマス・エジソン／1847～1931

ひらめき力の大切さを言っているのだ！

意味

✕ 努力できる人が天才だ！

◎ **1%のひらめきがなければ、99%の努力はムダになる。**

この言葉は、努力の大切さをうたった名言だと思われがちですが、実はエジソン本人が「天才＝努力が重要と言ったんじゃない！」と反論《はんろん》していたといわれています。もちろん努力は大切ですが、ただ努力するだけではだめで、本当はひらめきの重要さを伝えたかったのですね。

「天は人の上に人を造《つく》らず　人の下に人を造《つく》らず」

福沢諭吉《ふくざわゆきち》／1835～1901

人生の不平等をうめるには勉強することですよ

意味

✕ 人には上か下かなどなく、みんな平等である。

◎ **人は平等に生まれたはずなのに、実際《じっさい》には貧富《ひんぷ》の差などがある。それをうめるためには、勉強をすることだ。**

これは、福沢諭吉が書いた『学問のすすめ』の最初の一文です。確《たし》かにこの部分だけを読むと「人はみんな平等である」ということになりますが、実は、次のような意味の言葉が続きます。「――けれど実際《じっさい》には成功する人と失敗する人、貧《まず》しい人と裕福《ゆうふく》な人がいるのはなぜか。それは、勉強をするかしないかの差だ」
つまり実際《じっさい》には、学びの大切さを説《と》いている言葉なのです。まさに『学問のすすめ』ということですね。

本当は言ってない！ 名言

「余《よ》の辞書に不可能《ふかのう》の文字はない」

ナポレオン／1769～1821

フランス革命後《かくめいご》、いち軍人からフランス皇帝《こうてい》にまで上りつめたナポレオン。自信あふれる彼《かれ》らしい名言として有名ですが、もとの言葉をそのまま訳《やく》すと「不可能《ふかのう》とはフランス語的ではない言葉だ」です。これが、よりナポレオンらしい表現《ひょうげん》に訳《やく》されたのではといわれています。

「板垣《いたがき》死すとも自由は死せず」

板垣退助《いたがきたいすけ》／1837～1919

国民の自由と権利《けんり》を求める自由民権運動《じゆうみんけんうんどう》の指導者《しどうしゃ》だった板垣退助が演説中《えんぜつちゅう》におそわれたとき、さけんだとされる名言。ですが、実際《じっさい》は、彼《かれ》を支持《しじ》する記者の言葉だとか。しかし、この言葉は自由民権運動《じゆうみんけんうんどう》の合言葉となり、板垣は一気に英ゆうになりました。

こうした【実はまちがいな名言】は、単なるまちがいのこともありますが、発言した人をよく見せるためや、逆《ぎゃく》に悪いうわさが立つようにわざと広められたものもあります。部分的に切り取られることで、本人の意図と異《こと》なる意味になってしまうことが現在《げんざい》でもあります。ニュースの見出しなども、注意して読まなければなりませんね。

名言から時代をたどる
名言年表

世の中にはたくさんの名言が伝わってきていますが、そのメッセージや人物の特ちょうからは、時代背景《はいけい》が見えてきます。ここでは、古代〜昭和までの名言とともに、その時代をたどっていきましょう。

古代（紀元前《きげんぜん》）

無知《むち》の知《ち》

【ソクラテス】哲学者《てつがくしゃ》
紀元前《きげんぜん》470ごろ〜紀元前《きげんぜん》399ごろ

古代ギリシャの哲学者《てつがくしゃ》ソクラテスの言葉。知ったかぶりをしている人よりも、自分は何も知らないと自覚できる人のほうが、本当はかしこいという意味。

去る者は追わず 来る者はこばまず

【孟子《もうし》】思想家
紀元前《きげんぜん》372ごろ〜紀元前《きげんぜん》289ごろ

孟子《もうし》は中国の思想家。自分のもとを去っていく者は引き止めないが、逆《ぎゃく》に自分を信じてやって来る者は、だれであっても受け入れようという考えを説《と》いている。

古代から伝わってきた名言の多くが、哲学者《てつがくしゃ》や思想家、宗教家《しゅうきょうか》などによるもの。物事の考え方や生きるちえを説《と》いたものが多く、今の世の中でも大切にされています。

平安時代（794〜1192）

ただ過《す》ぎに過《す》ぐるもの 帆《ほ》かけたる舟《ふね》。人の齢《よわい》。 春《はる》、夏《なつ》、秋《あき》、冬《ふゆ》。

【清少納言《せいしょうなごん》】作家／966ごろ〜1025ごろ

清少納言が書いた『枕草子《まくらのそうし》』の中の一節。現代《げんだい》の言葉に訳《やく》すと、「どんどん過《す》ぎていくもの。帆《ほ》をかけた船。人の年齢《ねんれい》。春、夏、秋、冬。」という意味。月日の流れの早さをうたっている。

日本人の考え方や価値観《かちかん》に根ざした文化（国風文化《こくふうぶんか》）が形成されていった時代。特に、かな文字が生まれたことで文学が発《はっ》展《てん》。清少納言《せいしょうなごん》や紫式部《むらさきしきぶ》といった、女性《じょせい》作家が活やくしました。

戦国時代（1467〜1573）

おのれを責《せ》めて人をせむるな

【徳川家康《とくがわいえやす》】江戸幕府《えどばくふ》初代将軍《しょうぐん》／1542〜1616

都合の悪いことが起こったときは、人の失敗を責《せ》めるのではなく、自分の悪かったところを考えてみろ、という意味。

大事《だいじ》の義《ぎ》は、人に談合《だんごう》せず、一心《いっしん》に究《きわ》めたるがよし。

【伊達政宗《だてまさむね》】戦国武将《ぶしょう》／1567〜1636

重要なことは他人に相談したり、決断《けつだん》してもらったりせず、自分で考えぬいて決めるべきであるという意味。

戦国大名たちが各地で戦《いくさ》を展開《てんかい》した時代。戦乱《せんらん》の世を生きた武将《ぶしょう》たちによる力強い考え方や、リーダーシップについて語られた言葉などが多く見られます。

ほかにもこんな人
織田信長《おだのぶなが》 ▶10ページ

江戸《えど》時代（1603～1868）

まず飛び出すことだ。思案はそれからでいい。

【高杉晋作《たかすぎしんさく》】長州藩士《ちょうしゅうはんし》／1839～1867

この言葉の前には「戦いは一日早ければ、一日の利益《りえき》がある」という一文がある。27歳《さい》という短い生がいながら、歴史的《れきしてき》な活やくをした高杉晋作の力強い言葉。

なせば成る なさねば成らぬ 何事も 成らぬは人の なさぬなりけり

【上杉鷹山《うえすぎようざん》】米沢藩藩主《よねざわはんはんしゅ》／1751～1822

「何事も努力すれば必ず実現《じつげん》でき、あきらめて努力をおこたれば絶対《ぜったい》に実現《じつげん》できない」という意味。上杉鷹山の藩《はん》は多くの借金で財政難《ざいせいなん》だったが、強い意志《いし》と信念で改革《かいかく》を行い、藩《はん》を立て直した。

幕府《ばくふ》が政治《せいじ》の権力《けんりょく》をもったことで世の中が安定した一方、幕末《ばくまつ》には、日本を支配《しはい》する幕府《ばくふ》をたおそうと活動する人たちが出現《しゅつげん》。新しい時代を目指した、志《こころざし》の高い言葉がさまざま残っています。

ほかにもこんな人

坂本龍馬《さかもとりょうま》 ▶11ページ
葛飾北斎《かつしかほくさい》 ▶31ページ

明治・大正時代（1868～1912・1912～1926）

元始《げんし》、女性《じょせい》は実《じつ》に太陽であった

【平塚《ひらつか》らいてう（ちょう）】作家／1886～1971

女性《じょせい》への差別や不平等を解消《かいしょう》するための運動を行った平塚らいてう。「元始《げんし》、女性《じょせい》は実に太陽であった――今、女《じょ》性《せい》は月である――」と続き、男性《だんせい》にしたがうしかない女《じょ》性《せい》の現状《げんじょう》を社会にうったえ、女性《じょせい》たちに勇気をあたえた。

忍耐《にんたい》は苦し、されどその実《み》は甘《あま》し

【野口英世《のぐちひでよ》】細菌《さいきん》学者／1876～1928

伝染病《でんせんびょう》の研究につくした野口英世の言葉。がまん強くたえることは苦しいが、その分、いい成果が得《え》られるという意味。

明治新政府《しんせいふ》により西洋の進んだ制度《せいど》や文化が取り入れられ、文明開化が起こります。国の近代化が進み、学問や芸術《げいじゅつ》も発展《はってん》。これまでは地位が低いとされていた、女性《じょせい》の活やくも目立つようになります。

ほかにもこんな人

津田梅子《つだうめこ》 ▶8ページ
渋沢栄一《しぶさわえいいち》 ▶12ページ
北里柴三郎《きたさとしばさぶろう》 ▶22ページ
与謝野晶子《よさのあきこ》 ▶32ページ
牧野富太郎《まきのとみたろう》 ▶33ページ

昭和時代（1926～1989）

好奇心《こうきしん》というのは道草でもあるわけです。確《たし》かに時間のムダですが、必ず自分の糧《かて》になる。

【手塚治虫《てづかおさむ》】まんが家／1928～1989

世界中で読みつがれる、多くの名作を残した手塚治虫の言葉。好奇心《こうきしん》の大切さを伝えている。

失敗することをおそれるよりも真剣《しんけん》でないことをおそれたほうがいい。

【松下幸之助《まつしたこうのすけ》】実業家／1894～1989

松下幸之助は、電化製品《せいひん》会社パナソニックの創業者《そうぎょうしゃ》。何かに取り組むときの心がまえを教えてくれている。

戦争が終わって復興《ふっこう》が始まり、経済《けいざい》が発展《はってん》。さまざまな会社が設立《せつりつ》され、芸能《げいのう》やアニメなどのエンタメ業界も活発に。実業家やまんが家などの名言も見られるようになります。

ほかにもこんな人

武者小路実篤《むしゃこうじさねあつ》 ▶14ページ
三淵嘉子《みぶちよしこ》 ▶20ページ

欠点は魅力《みりょく》のひとつになるのに、みんなかくすことばかり考える。

ココ・シャネル

1883～1971

ファッションデザイナー

世界的に有名なフランスのファッションブランド「シャネル」の創立者《そうりつしゃ》。ジュエリーやバッグ、香水の制作《せいさく》も行い、女性《じょせい》のファッションや生き方にえいきょうをあたえた。

欠点は個性《こせい》であり その人のよさになる

人にはみんな、いいところもあれば、悪いところもあります。私《わたし》たちはつい、自分の欠点を見ないよう、かくそうとしてしまいますが、ココ・シャネルはこんなふうに言っています。

「欠点は魅力《みりょく》のひとつになるのに、みんなかくすことばかり考える。欠点はうまく使いこなせばいい。これさえうまくいけば、なんだって可能《かのう》になる」

欠点を弱点ではなく個性《こせい》として、目をそらさずに向き合ってみようというのが、シャネルの考え方です。そしてその個性《こせい》を生かすことができれば、欠点こそが最大の魅力《みりょく》になるというのです。これは、彼女《かのじょ》自身が実際《じっさい》にやってきたことでした。

本当の自分を認《みと》めれば 人は強くなれる

シャネルがデザイナーとして活動し始めた1900年代初めのフランスでは、女性《じょせい》はふっくらしているほうが美しいとされ、ふくよかな体を強調するはなやかなドレスが流行していました。小がらでやせているシャネルには似合《にあ》いませんでしたが、彼女《かのじょ》は自分のスタイルを悲しんだりはしませんでした。あえてほっそりと見えるシンプルな服を着て、自分に似合《にあ》うファッションをつくり上げたのです。ほかにも軽くて動きやすいジャージー素材《そざい》の服、男性《だんせい》が着るも

▶今では当たり前となった女性《じょせい》のパンツスタイル。シャネルの着こなしを多くの女性《じょせい》が支持《しじ》した。

のとされていたパンツスタイルや黒を使ったドレスなどを女性《じょせい》ファッションに取り入れ、人々《ひとびと》をおどろかせました。批判《ひはん》の声もありましたが、流行に合わせるのではなく、自分が着たいと思うファッションをしていいという考え方は多くの女性《じょせい》に支持《しじ》され、人気のファッションデザイナーへと上りつめていったのです。

シャネルのように欠点を個性《こせい》として受け入れることができれば、人はとても強くなれます。他人の評価《ひょうか》ではなく、自分を信じることができるからです。欠点は自分の可《か》能性《のうせい》だと信じて、前に進んでみましょう。

もっと知りたい

ココ・シャネルの名言

この世でいちばん
素晴《すば》らしい色は、
あなた自身をかがやかせる色

自分らしさをつらぬいたシャネルらしい言葉。世間のイメージに左右されず、自分が好きだと思う気持ちを大切にしていきましょう。

考えてみよう あなたには、欠点がありますか？　欠点だと感じる部分に対して、どのように向き合っていますか？　シャネルのように、欠点を魅力《みりょく》に思うことができているでしょうか。

弱い者ほど相手を許《ゆる》すことができない。許《ゆる》すということは強さの証《あかし》だ。

マハトマ・ガンディー

1869～1948

宗教家《しゅうきょうか》

長い間イギリスに支配《しはい》されていたインドを独立《どくりつ》に導《みちび》いた「インド独立《どくりつ》の父」。暴力《ぼうりょく》や武力《ぶりょく》は使わず、まちがったことには決してしたがわないというやり方で、差別と戦い続けた。

相手を否定《ひてい》するより理解《りかい》する心をもとう

許《ゆる》すことができる人こそ強い。

そう言ったのは、インドの独立《どくりつ》運動を引っぱり成功へと導《みちび》いた、マハトマ・ガンディーです。ガンディーのいう「許《ゆる》し」とは、自分とは異《こと》なる考え方や個性《こせい》をもつ人を受け入れることでした。

ガンディーの生まれたインドはかつてイギリスに支配《しはい》されていて、インド人はひどい差別を受けていました。そんなあつかいを受ければ、当然怒《いか》りもわきます。しかしガンディーは力でねじふせようとする相手に対し、同じように力で対こうするのではなく、相手を理《り》解《かい》し、自分たちのことも理解してもらうという方法を選びました。相手を傷《きず》つけるようなことはせず、けれどまちがっていることには決してしたがわず、自分たちの意思を伝える。非暴力《ひぼうりょく》・不服従《ふふくじゅう》の運動を地道に続け、武器《ぶき》を持たずにインドの独立《どくりつ》を実現《じつげん》させたのです。

残念ですが、私《わたし》たちの周りにも、小さな争いや差別は存在《そんざい》します。自分とはちがう、理解《りかい》できないと感じると、むやみにこうげきして自分を守ろうとしたり、自分は相手より強いと主張《しゅちょう》してみせたりする。それが、弱さなのです。たとえばだれかに悪口を言われたり、ばかにされたりしたとき、同じように相手を非難《ひなん》するのは簡単《かんたん》です。

でも、なぜそんなことを言ったのか、まずは考えてみてください。もちろん、すべてを受け入れる必要はありません。でも、相手を知り、理解《りかい》しようとすることが、あなたの心の強さにつながるはずです。

考えてみよう ？

相手を力でねじふせたり、大勢《おおぜい》でだれかをこうげきしたりすることは、“強さ”ではありません。あなたが思う本当に強い人とは、どんな人でしょうか？

70歳《さい》以前にえがいたものは、実に取るに足らぬものばかりである。

葛飾北斎《かつしかほくさい》

1760~1849

浮世絵師《うきよえし》

江戸時代《えどじだい》後期に浮世絵師《うきよえし》として活やく。常《つね》に新しい表現《ひょうげん》を求め、つくり上げたオリジナルの画風は、日本はもちろん、ゴッホなど海外の芸術家《げいじゅつか》たちにも大きなえいきょうをあたえた。

写真提供：国立国会図書館

失敗も成功も過去《かこ》にすぎない
生きているかぎり歩み続けよう

江戸時代《えどじだい》、浮世絵師《うきよえし》として活やくした葛《かつ》飾北斎《しかほくさい》は、世界でも広く名が知られている日本を代表する芸術家《げいじゅつか》です。そんな北斎が70歳《さい》を過《す》ぎてから手がけ、自身の代表作となった版画集《はんがしゅう》『冨嶽三十六景《ふがくさんじゅうろっけい》』と、それに続く『冨嶽百景《ふがくひゃっけい》』には、あとがきでこんな言葉が記されています。

「70歳《さい》以前にえがいたものは、実に取るに足らぬものばかりである。73歳《さい》で鳥獣虫《ちょうじゅうちゅう》魚《ぎょ》の骨格《こっかく》や草木の生え方がいくらかわかってきた。きっと80歳《さい》でさらに技術《ぎじゅつ》は向上し、90歳《さい》で奥義《おうぎ》を極《きわ》め、１００歳《さい》では神の域《いき》に達するだろう」

世界的に知られる北斎が、70歳《さい》をこえてもなお、「自分の作品はつまらない」と思っていたなんておどろきませんか？　北斎ですら、こんなふうに思っていたのですから、みなさんが今の自分に満足しなかったり、落ちこんだりしてしまうのは当然です。

6歳《さい》ごろから絵をかくことに興味《きょうみ》をもち、画家となって以来、50年以上絵師《えし》として経験《けいけん》を積んでもなお進化を求めた北斎の言葉からは、「人生は学びの連続で、どんなに経験《けいけん》を積んでも学ぶことはつきないもの。学びを止めなければ人はいつからでも新しい自分になれる」というメッセージが感じ取れるような気がします。

成功も失敗も、ときが経《た》てば過去《かこ》のもの。ずっとその経験《けいけん》にとらわれていては成長することはできません。北斎のようになやみながらも変化をおそれず、常《つね》に高みを目指す姿勢《しせい》を忘《わす》れずにいたいですね。

▲葛飾北斎《かつしかほくさい》が制作《せいさく》した『冨嶽三十六景《ふがくさんじゅうろっけい》』の一図「神奈川沖浪裏《かながわおきなみうら》」。現在《げんざい》の東京湾《とうきょうわん》上から見た景色をえがいたものといわれる。

学びを深める　浮世絵《うきよえ》とは、当時の江戸《えど》の人々《ひとびと》の生活や役者の姿《すがた》などをえがいた木版画《もくはんが》や絵画のこと。手ごろな値段《ねだん》で買うことができたので、庶民《しょみん》の楽しみとして人気を集めました。

ああ、弟よ、君を泣く、君死にたまふ（もう）ことなかれ

与謝野晶子《よさのあきこ》
（1878〜1942）

詩人

明治から昭和にかけて活やくした詩人。女性《じょせい》の率直《そっちょく》な感情《かんじょう》をよんだ作品は当時めずらしく、新しい女性《じょせい》の時代の幕開《まくあ》けだと評判《ひょうばん》を呼《よ》ぶ。代表作は情熱的《じょうねつてき》な恋《こい》の歌を集めた歌集『みだれ髪《がみ》』など。

写真提供：国立国会図書館

人の心に届《とど》くのは誠《まこと》の心

１９０４年（明治37年）、日露《にちろ》戦争のさなか、与謝野晶子《よさのあきこ》は戦地で戦う弟を思い「君死にたまふことなかれ」という詩を発表しました。この言葉は、最初の二行です。この詩では、弟よ、あなたは戦争で死ぬ必要なんてない、死んでほしくないという思いと同時に、人の命をうばうようなことはしてほしくないという、戦争に対する正直な気持ちが表現《ひょうげん》されています。

当時は、国のために戦うべきという風《ふう》潮《ちょう》が強かったため、この詩は戦争を支持《しじ》する人たちから強く批判《ひはん》されました。しかし、晶子は堂々《どうどう》と反論《はんろん》しています。

「詩歌《しいか》は誠《まこと》の心をうたうものです。誠《まこと》の心をうたわない詩歌《しいか》になんの価値《かち》があるでしょうか」

晶子の言うとおり、この詩は、ただ批判《ひはん》の的《まと》となっただけではなく、本当は戦争をしたくないという思いをかかえつつも表に出せない人々《ひとびと》にとって救《すく》いとなりました。そして今もなお、心を打つ名作として愛されています。

いつわりのない正直な気持ちを表に出すのは勇気がいることです。ときには批判《ひはん》されることもあるかもしれませんが、何をどう感じるかは個人《こじん》の自由です。人と意見がちがってもはじる必要はないし、罪悪感《ざいあくかん》をもつ必要もありません。批判《ひはん》されても自分の気持ちを自分で否定《ひてい》することはやめましょう。その気持ちを大切にできるのは、あなただけなのですから。

考えてみよう

みんながそう言っているから、そうしているからと、自分の気持ちを殺《ころ》してしまうことはありませんか？　そんなとき、本当の気持ちをどんなふうに伝えればよいでしょうか？

〃雑草《ざっそう》〃という草はない。

牧野富太郎《まきのとみたろう》
1862~1957

植物学者

独学《どくがく》で植物学を学び、日本の植物学を発展《はってん》させた学者のひとり。日本全国をまわって植物標本を作製《さくせい》。生がいで収集《しゅうしゅう》した植物標本は40万点、名前をつけた植物は1500種類以上。

写真提供：国立国会図書館

植物も人もみんなちがって みんなに価値《かち》がある

牧野富太郎《まきのとみたろう》は「日本の植物学の父」と呼《よ》ばれる植物学者です。多くの植物を発見し、名前をつけ、図かんにのせてその植物の存在《そんざい》をしょうかいしました。その仕事ぶりもさることながら、植物をとても愛した人としても有名でした。

あるとき、雑誌《ざっし》のインタビューを受けていた富太郎は、記者が「雑草《ざっそう》」という言葉を使うと、このようにさとしました。

「君、世の中に〃雑草《ざっそう》〃という草はない。どんな草にだってちゃんと名前がついている。――もし君が〃雑兵《ぞうひょう》（身分の低い兵《へい》士《し》）〃と呼《よ》ばれたらいい気がするか。人を呼《よ》ぶ場合には、正しくフルネームで呼《よ》ぶのが礼ぎというものじゃないかね」

富太郎は「雑草《ざっそう》」や「雑木林《ぞうきばやし》」といった言葉をきらっていました。一つひとつの草花にはちがいがあり、それぞれに名前もあるのに、人間が勝手に必要か不必要かで分類するのはおこがましいと思っていたのです。人を愛するように植物を愛した富太郎らしい考え方です。

私《わたし》たち人間にも、一人ひとりに大切な名前があり、大切な命があります。そして人間だけでなく、どんな命にも役割《やくわり》があり、みんな精《せい》いっぱい生きている。だからどんな命にも敬意《けいい》をはらおう。富太郎の言葉は、そんなことを教えてくれているようです。富太郎のように優《やさ》しいまなざしで世の中を見ることができれば、世界はもっと生き生きと、色あざやかに感じるようになるかもしれませんね。

学びを深める

富太郎は皇居《こうきょ》に招《まね》かれて、当時の天皇《てんのう》である昭和天皇《しょうわてんのう》に植物学を教えたこともありました。富太郎の考えに共感し、昭和天皇も「雑草《ざっそう》という草はない」とおっしゃっていたといいます。

困難《こんなん》のなかにチャンスがある

アルベルト・アインシュタイン

1879～1955

理論《りろん》物理学者

ドイツの理論《りろん》物理学者であり、時間と空間に関する相対性理論《そうたいせいりろん》の創立者《そうりつしゃ》。1921年にはノーベル物理学賞《ぶつりがくしょう》を受賞《じゅしょう》する。晩年《ばんねん》には、自身の研究が核《かく》兵器《へいき》の開発につながったことをくやみ、平和運動に力を注ぐ。

ピンチのときにこそ成長の機会はひそんでいる

たとえば、スポーツなどの試合や大会で追いつめられたとき、楽器や技《わざ》の練習を何度してもうまくいかないとき、難《むずか》しいテストや、自分の実力以上のことをクリアしなくてはならないとき。人生では、こうしたさまざまなピンチに見まわれることがあります。でも、そんな困難《こんなん》な状《じょう》きょうにこそ、チャンスや成長の機会がひそんでいると、アルベルト・アインシュタインは言っています。

時間と空間に関する相対性理論《そうたいせいりろん》を発表したことで、20世紀《せいき》最高の物理学者と呼《よ》ばれるアインシュタインですが、子どものころはいわゆる〝落ちこぼれ〟でした。学校の成績《せいせき》がいいわけでもなく、優等生《ゆうとうせい》でもない。先生にしかられることもしばしばあったそうです。でも、そんな彼《かれ》がくさらずに世界的な物理学者にまで成長できたのは、自分の好奇心《こうきしん》を追い求め、困難《こんなん》に負けずに挑《いど》み続けたからでした。

大切なのは、ピンチをどう乗りこえるか

5歳《さい》のときに父親から羅針盤《らしんばん》（方位磁針《ほういじしん》）をもらったことをきっかけに、自然界に興味《きょうみ》をもったアインシュタインは、大学進学後に物理学を学ぶようになります。

16歳《さい》のとき、自分が光と同じ速さで光を負いかける夢《ゆめ》を見たことで、彼《かれ》は時空に関する研究や実験を始めます。実験で爆発事《ばくはつじ》

▲アインシュタインは1905年、科学界に革命《かくめい》をもたらす論文《ろんぶん》を次々《つぎつぎ》に発表。このことから1905年は“きせきの年”といわれている。

故《こ》を起こしたり、発表した論文《ろんぶん》が受け入れてもらえなかったりと、さまざまな困難《こんなん》が彼《かれ》をおそいました。それでも、自分が知りたいと思うことにあきらめず向き合い続けたことで、世界に認《みと》められる存在《そんざい》になっていったのです。

ピンチは、いつやってくるかわかりません。でもそんなときにこそ、冷静に状《じょう》きょうを見極めましょう。そうすれば、そこにひそんでいる小さなチャンスに気がつくことができるはず。それをいかにつかめるのかが、成功と成長の秘《ひ》けつなのです。

もっと知りたい

アインシュタインの名言

挫折《ざせつ》を経験《けいけん》したことがない者は、何も新しいことに挑戦《ちょうせん》したことが無いということだ

挫折《ざせつ》や失敗は、だれしも経験《けいけん》したくないものですが、それは同時に、何の挑戦《ちょうせん》もせず、成長もできないということ。失敗したときにどう問題に向き合うのかが、大切なのです。

学びを深める

アインシュタインはバイオリンの演奏《えんそう》も大好きでした。愛知県の職人《しょくにん》がバイオリンをプレゼントしたときには、アインシュタイン本人からお礼の手紙が届《とど》いた記録が残っています。

真ん中だけがエライんじゃない、 端《はし》っこで
一生懸命《けんめい》に生きている者もいるんだよ。

——かこさとし（絵本作家）

絵本作家・かこさとしのエッセイ『未来のだるまちゃんへ』（文藝春秋《ぶんげいしゅんじゅう》）からの一文。彼《かれ》の作品では、どんなに小さな人や植物もていねいにえがかれます。真ん中の人に光が当たりがちな世の中ですが、端《はし》っこだって、大切な世界の一部なのです。

もうひとおしこそ
慎重《しんちょう》になれ

——武田信玄《たけだしんげん》（戦国武将《ぶしょう》）

これは武田信玄が自分自身によく言い聞かせていたという言葉です。どんな人でも、ゴールが目前になったときほど、大きなミスを起こしやすいもの。最後まで油断《ゆだん》せず、気を引きしめることが大切ですね。

始まるのを待ってはいけない。
自分で何かやるからこそ、
何かが起こる。

——植村直己《うえむらなおみ》（冒険家《ぼうけんか》）

植村直己は、日本人で初めてエベレストに登頂《とうちょう》した冒険家《ぼうけんか》。やりたいことや好きな人ができたときなど、どんな場面でも、前に進む勇気をくれる言葉です。

自分から動き出そう！

知りたい！人たちの名言

まだまだたくさん！ 名言とともにしょうかいします。

つまらないと思った仕事でも、
一生けん命やってみろ。
そうしたらおもしろくなる。

——黒澤明《くろさわあきら》（映画監督《えいがかんとく》）

『七人《しちにん》の侍《さむらい》』などで有名な映画監督《えいがかんとく》・黒澤明が、映画《えいが》のスタッフにいつもかけていたという言葉。何事もけん命に取り組むことで、その楽しさやおもしろさに気づくことができると教えてくれています。

好きの力を信じる

——水木《みずき》しげる（まんが家）

水木しげるの代表作『ゲゲゲの鬼太郎《きたろう》』は、れんさい当初あまり人気がありませんでした。それでもあきらめず、自分の好きなようかいの話をかき続けたことで、今では国民的な人気まんがとなったのです。

好きなことをつきつめよう！

失敗と書いて、成長と読む。

——野村克也《のむらかつや》（野球選手・監督《かんとく》）

野村克也が監督《かんとく》時代に言った言葉です。人間は、失敗を経験《けいけん》するからこそ自分のまちがいや足りない部分に気がつけるもの。そして、「なぜ失敗したのか」を考え、それをかてにすることで、成長することができるのです。

魅力的《みりょくてき》なくちびるになるために、優《やさ》しい言葉を話しなさい。愛らしい目をもつために、人のよいところを探《さが》しなさい。

——オードリー・ヘプバーン（俳優《はいゆう》）

オードリーは、ハリウッド映画《えいが》で活やくしたイギリス出身の俳優《はいゆう》です。これは、彼女《かのじょ》の友人が孫に書いた手紙を、詩に書きかえたものの一文。愛情《あいじょう》のこもった言動が、素敵《すてき》な人になるための一歩であると言っています。

人の心は顔に出るものよ

まだまだ

時代を生きた

歴史《れきし》を動かしたり、文化をつくったりしてきた人たちは、

好きに生きたらいいんだよ。だって、君の人生なんだから。

——ジョン・レノン（ミュージシャン）

ジョン・レノンは、1960年代にロックバンド「ビートルズ」のメンバーとして活やくしました。人生はその人自身のもので、だれかに指図を受ける必要はありません。将《しょう》来《らい》を考えるときに、背中《せなか》をおしてくれるひと言です。

君だけの人生を歩んでいこう

おどろきの材料は私《わたし》たちの身近にみちみちている

——神谷美恵子《かみやみえこ》（精神科医《せいしんかい》）

ハンセン病かん者に寄《よ》りそい続けた神谷美恵子が、著書《ちょしょ》『生きがいについて』（みすず書房《しょぼう》）のなかで記した一文。身の回りのささいな変化に気づくだけでも、毎日が楽しくなる。人生には生きがいが満ちていると語っています。

一日、生きることは、一歩、進むことでありたい。

——湯川秀樹《ゆかわひでき》（物理学者）

1949年に日本初のノーベル物理学賞《ぶつりがくしょう》を受賞《じゅしょう》した湯川秀樹。日々《ひび》研究に取り組み、努力を積み上げてきた彼《かれ》の、学問に対する熱意が感じられる言葉です。

名言カードブックをつくろう！

みなさんが大切にしたい言葉を集めた、名言カードブックをつくりましょう。
何度も読み返したり、だれかに伝えたりすることで、その言葉はさらに特別なものになるはずです。

名言カードブックは、自分の心にひびいた名言や、だれかに伝えたい名言をカードに記し、一冊《いっさつ》にまとめたものです。たくさんの素《す》敵《てき》な言葉を集めた、世界にひとつだけの名言集をつくりましょう！

カードをファイルに閉《と》じたり、ひもでしばったりしてまとめよう

名言を深ぼりしますぞ～

つくり方

1 テーマを決める

2 名言を集める

3 カードをつくる

4 ブックにまとめる

ブックはグループでも、個人《こじん》でつくってもOK！

1 テーマを決める

どんな名言を集めるか、まずはテーマを考えましょう。「やる気が出る」「前を向ける」などのメッセージを設《もう》けてもいいですし、「歴史上《れきしじょう》の偉人《いじん》」「スポーツ選手」「まんが」といった、人物や作品のジャンルでしぼってもおもしろいです。

○○さんの言葉を入れたいな
元気が出る名言がいいよね

たとえばこんなテーマ!

偉人《いじん》の名言 1巻《かん》へ!

現代《げんだい》の名言 2巻《かん》へ!

物語の名言 3巻《かん》へ!

アーティストの名言

スポーツ選手の名言

座右《ざゆう》の銘《めい》にしたい名言

心が強くなる名言

気持ちがホッとする名言

座右《ざゆう》の銘《めい》って?

座右《ざゆう》の銘《めい》とは、自分へのはげましや目標、教訓のために、大切にしている言葉のこと。「座《ざ》右《ゆう》」は身近なところ、「銘《めい》」は金属《きんぞく》などに刻《きざ》まれた名前を意味します。常《つね》に自分の身近において、心に刻《きざ》みたい言葉ということです。

私《わたし》たちは「座右《ざゆう》の銘《めい》にしたい名言」にしたよ
どんな言葉があるかな

② 名言を集める

テーマやジャンルが決まったら、どんな名言があるかを調べていきます。名言との出合い方はさまざまです。日々《ひび》の生活のふとしたときに目にすることもありますから、いいと感じた言葉は、日ごろからノートなどに書きとめておきましょう。

名言探《さが》しのポイント

・自分の経験《けいけん》と結びつけよう

なぜその言葉が心にひびいたのか、自分の経験《けいけん》に結びつけて考えてみましょう。そうすることで、その言葉は自分にとって、より大切なものになります。

・言葉の背景《はいけい》も知ろう

その名言がいつ、どんな場面で生まれたのか、背景《はいけい》もきちんと知りましょう。言葉の意味や、その人（作者）の思いがより深く理解《りかい》できます。

・出典をメモしよう

言葉の出所（作品名や作者、出版社《しゅっぱんしゃ》など）をメモしておきます。これらの情報《じょうほう》とともに文章をそのまま使うことを「引用」といいます（くわしくは42ページ）。

こんなところから探《さが》してみよう！

本

いろいろな言葉を集めた名言集や、小説、伝記、エッセイ、絵本、詩集、雑誌《ざっし》など、さまざまなジャンルをチェックしてみましょう。

歌詞《かし》

歌にも素敵《すてき》なフレーズがあふれています。流行りや好きな歌手の曲はもちろん、生まれる前の曲などにふれてみるのもおすすめです。

テレビ番組

バラエティや情報《じょうほう》番組、ドキュメンタリーなど、何気なく見ているテレビ番組にも名言はかくれているものです。

まんがやアニメ

まんがやアニメは名言の宝庫《ほうこ》。バトルや恋愛《れんあい》、スポーツ、音楽、ほっこりするようなお話など、さまざまな作品にふれてみましょう。

映画《えいが》やドラマ

作中の印象的《いんしょうてき》なセリフを探《さが》してみましょう。好きな作品も言葉に注目して見返してみると、新たな魅力《みりょく》に気がつくかもしれません。

動画やウェブサイト

名言を引用してしょうかいしている動画やウェブサイトもあります。いいと思った名言は、その出典も確認《かくにん》してみましょう。

新聞

インタビュー記事やエッセイなどを読んでみましょう。新聞広告《こうこく》にも、心にささるキャッチコピーがのっているかもしれません。

身近な人の名言も探《さが》してみよう

名言は、有名な人の言葉や、作品のなかだけにあるわけではありません。みなさんの家族や親せき、友だち、先生、コーチ、ライバルといった、身近な人たちの言葉にも、大切にしたい言葉はあふれています。

名言

こんなひと言に注目!

- スポーツや勉強をがんばったとき、うれしかった言葉
- 試合や発表会の前に、先生やコーチからかけられた言葉
- なやみを相談したときに、家族や友だちに言われたひと言
- 家族や友だちのおもしろ名言　など

著作権《ちょさくけん》に注意しよう

だれかの言葉や文章、作品を使う前に、著作権《ちょさくけん》について知っておきましょう。

？ 著作権《ちょさくけん》ってなに?

著作権《ちょさくけん》とは、著作者《ちょさくしゃ》（つくった人）の著作《ちょさく》物《ぶつ》（考えや感情《かんじょう》を表現《ひょうげん》した作品）に対して、著《ちょ》作者《さくしゃ》にあたえられる権利《けんり》のことです。著《ちょ》作権《さくけん》はみんながもっている権利《けんり》で、みなさんがかいた作文や絵にも、著作権《ちょさくけん》があります。

？ 言葉にも著作権《ちょさくけん》はある?

だれかが発した言葉でも、その人の考えやオリジナルの表現《ひょうげん》がふくまれていれば、著《ちょ》作権《さくけん》が発生します。小説の文章や歌詞《かし》、映《えい》画《が》やまんがのセリフなども同様です。ただし、次のような場合は、著作権《ちょさくけん》は発生しません。

- 個性《こせい》が反映《はんえい》されていないもの
（だれもが使うような言葉や表現《ひょうげん》）
- 保護《ほご》期間が終わっているもの
（著作者《ちょさくしゃ》が亡《な》くなってから70年以上経《た》っているもの）
- 政治上《せいじじょう》の演説《えんぜつ》など

？ 著作権《ちょさくけん》の侵害《しんがい》とは?

著作物《ちょさくぶつ》を大量にコピーする、インターネット上で公開する、内容《ないよう》をかき変えるなどの行為《こうい》は著作者《ちょさくしゃ》の許可《きょか》が必要です。人の著作《ちょさく》物《ぶつ》を自分がつくったもののように発表することもできません。場合によってはお金を要求されたり、うったえられたりすることがあります。

？ 学校の授業《じゅぎょう》や個人《こじん》で楽しむならOK

このように著作物《ちょさくぶつ》には著作権《ちょさくけん》がありますが、学校の授業《じゅぎょう》や個人《こじん》で楽しむはんいで、著作《ちょさく》物《ぶつ》をコピーしたり、作品に使ったりすることは、問題ありません。だれの言葉や作品なのか、作品名や著者名《ちょしゃめい》、出版社名《しゅっぱんしゃめい》などをきちんと明記して、正しく利用するようにしましょう。

つくった人の気持ちを考えて利用するのですぞ！

3 カードをつくる

お気に入りの言葉が集まったら、カードに記入をしましょう。カードは、45ページのものをコピーして使ってもいいですし、自分たちでオリジナルのカードをつくってもOKです。次のことは必ず書くようにしましょう。

カードに書くこと

- 選んだ言葉
- どうして選んだか
- 自分の名前
- だれの言葉か
- 出典（情報源《じょうほうげん》）

引用って？

本やインターネットなどにのっているだれかが書いた文章を、自分の作文などに使うこと。引用を行うときは、次の3つのルールを必ず守りましょう。

引用のルール

- カギカッコなどをつけて引用部分がわかるようにする
- 何から引用したのか出典を書く
- 元の文章をそのまま使う

まんがや映画《えいが》のセリフもそのまま使うのですぞ！

カードの記入例

表

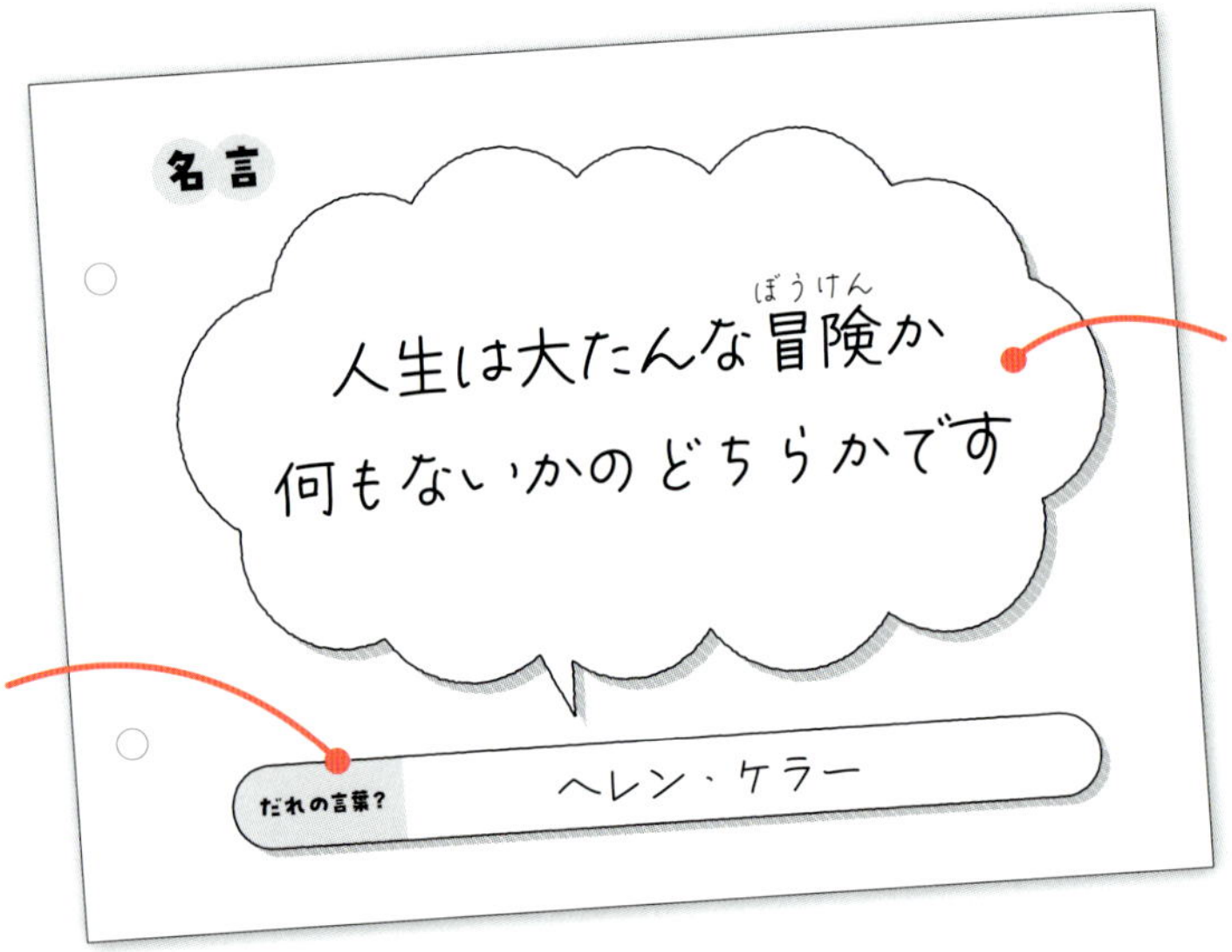
名言
人生は大たんな冒険《ぼうけん》か何もないかのどちらかです
だれの言葉？
ヘレン・ケラー

自分がいいと思った名言や、だれかに伝えたい名言を書こう。

だれの言葉なのか、その人の名前を書く。物語などの場合は、作品名とキャラクターの名前を書こう。

裏《うら》

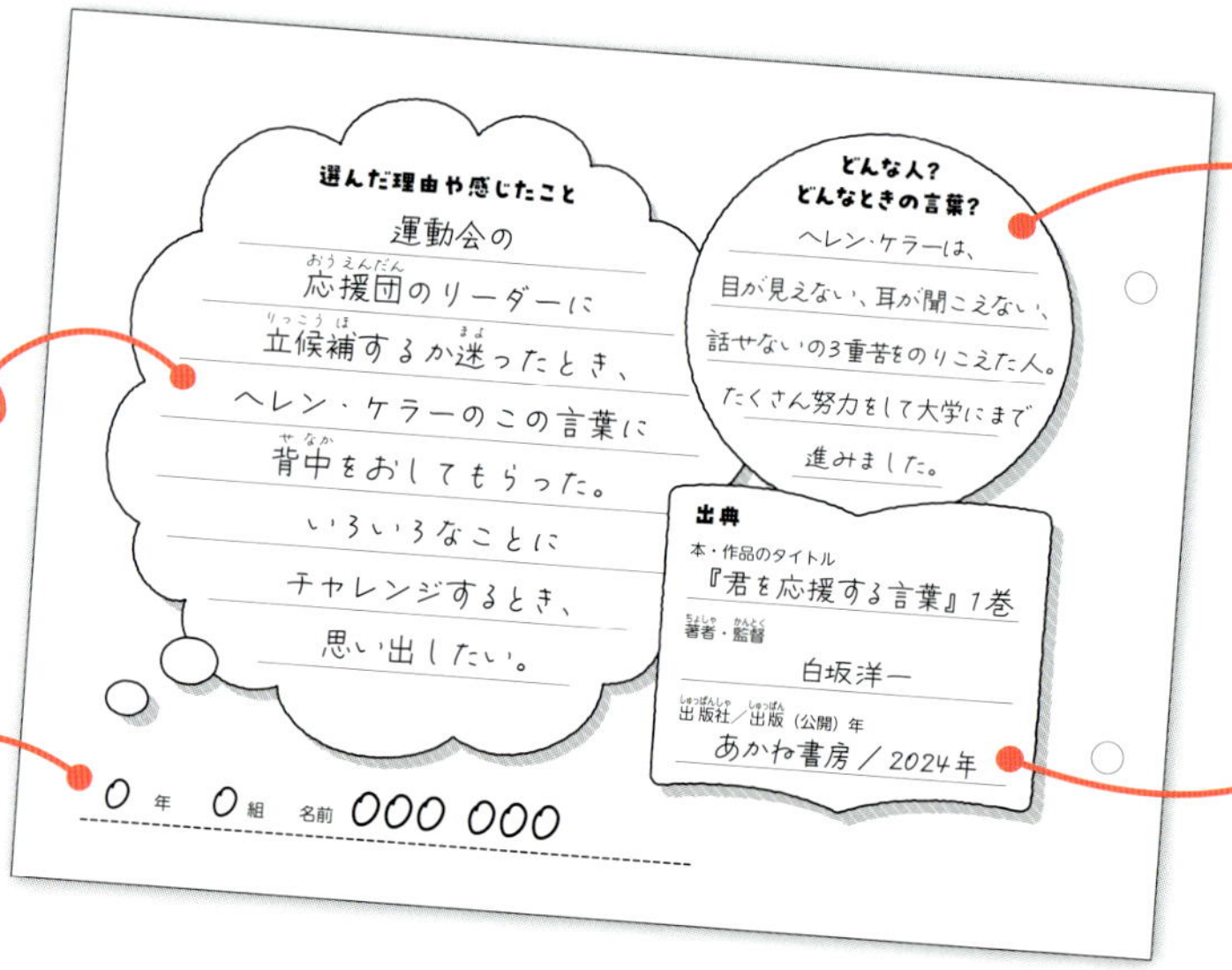
選んだ理由や感じたこと
運動会の応援団《おうえんだん》のリーダーに立候補《りっこうほ》するか迷《まよ》ったとき、ヘレン・ケラーのこの言葉に背中《せなか》をおしてもらった。いろいろなことにチャレンジするとき、思い出したい。
どんな人？
どんなときの言葉？
ヘレン・ケラーは、目が見えない、耳が聞こえない、話せないの3重苦をのりこえた人。たくさん努力をして大学にまで進みました。
出典
本・作品のタイトル
『君を応援する言葉』1巻
著者《ちょしゃ》・監督《かんとく》
白坂洋一
出版社《しゅっぱんしゃ》／出版《しゅっぱん》（公開）年
あかね書房／2024年
0 年 0 組 名前 000 000

言葉の主がどんな人かや、その言葉が生まれた背景《はいけい》などをしょうかいしよう。

なぜその言葉を選んだかの理由や、言葉から感じたことなどを書いてみよう。

言葉の出典を書こう。映画《えいが》の場合は監督《かんとく》や公開年を書いてね。

自分のクラスと名前を書こう。

4 ブックにまとめる

それぞれのカードが完成したら、カードを集めて一冊《いっさつ》にまとめましょう。ブックのくわしいつくり方は44ページを見てくださいね。

ぼくは北里柴三郎《きたさとしばさぶろう》の言葉！ なんかやる気が出てくるんだ〜

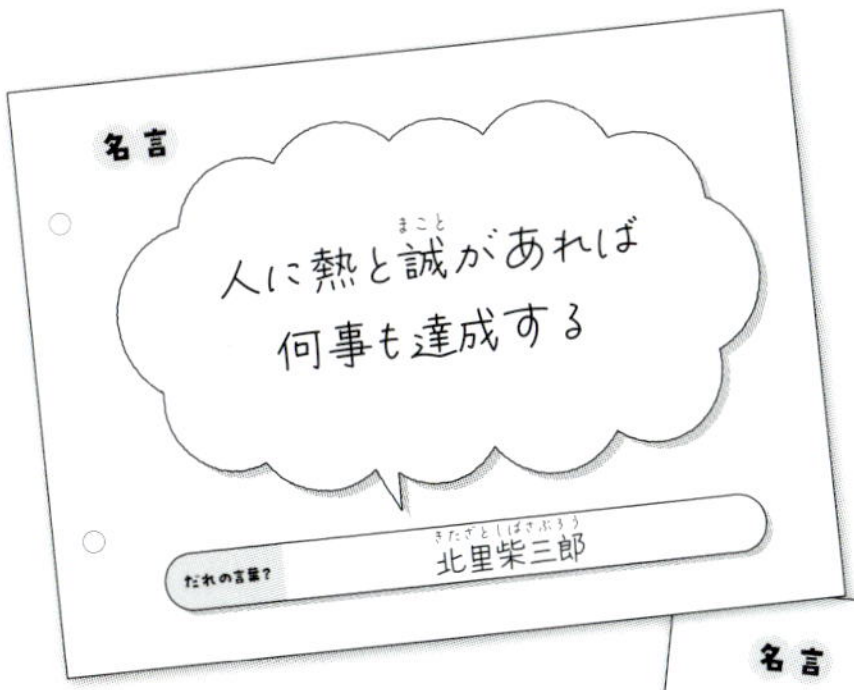
名言
人に熱と誠《まこと》があれば
何事も達成する
だれの言葉？
北里柴三郎

私《わたし》はマザー・テレサの名言にしたよ

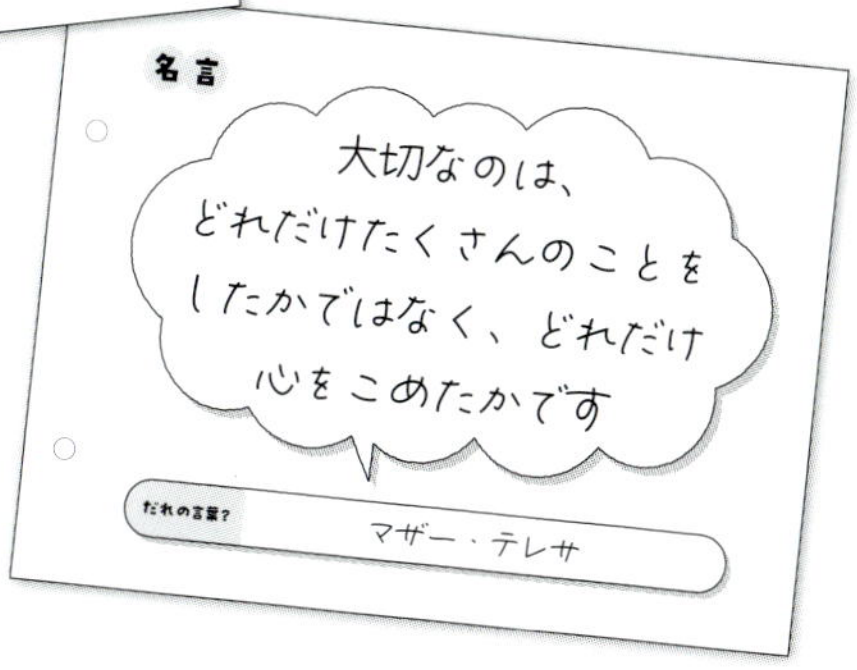
名言
大切なのは、
どれだけたくさんのことを
したかではなく、どれだけ
心をこめたかです
だれの言葉？
マザー・テレサ

ブックづくりのポイント

・表紙を考えよう

表紙にはテーマやタイトルを書くだけでもよいですが、イラストや写真を使うなどしてオリジナリティを出せば、さらに素敵《すてき》なブックになります。

名言集のテーマをイメージしたイラストをかいてみましょう！

座《ざ》右《ゆう》の銘《めい》
にしたい
名言集！

シールやステッカーなどでデコレーションするのもおすすめ

座《ざ》右《ゆう》の銘《めい》
にしたい
名言集!!

写真を組み合わせてデザインするのも素《す》敵《てき》でしょう

座右の銘にしたい
名言集
0年0組 0班

・順番を考えよう

カードをどう並《なら》べるかの順番を考えてみましょう。年代順にしたり、人物のジャンルで分けたり、ページをめくったときにどんな言葉が続くと楽しいかなどを想像《そうぞう》してみてください。

また、カードなので順番がかえられるのもこのブックのよいところ。そのときの気分でカードを並《なら》べかえたり、お気に入りを取り出してかざったりすることもできます。ほかのテーマのブックと名言の交かんをしてもよいでしょう。

・目次やまえがき、あとがきをつけるのもおすすめ

ブックにのっている名言が一目でわかる目次をつくったり、最初や終わりのページに、ブックのポイントや、読んでくれる人へ向けたメッセージをのせたりするのもおすすめです。

工夫すればするほど、いい一冊《いっさつ》になりますぞ！
みんなで考えてみましょう！

ブックのつくり方

1 カードを表裏《おもてうら》で合わせてはる

表と裏《うら》のカード二枚《まい》を、のりや両面テープではり合わせます。

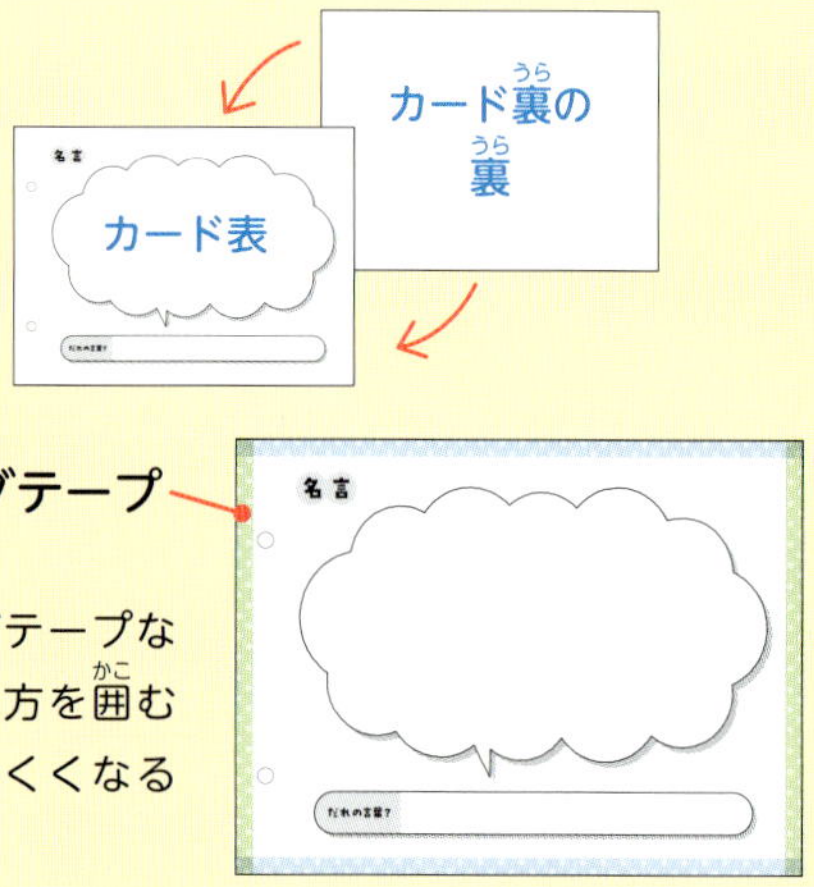

マスキングテープ

マスキングテープなどで紙の四方を囲《かこ》むと、破《やぶ》れにくくなるよ！

2 カードに穴《あな》を開ける

カードの穴《あな》の印に合わせて、穴《あな》開けパンチなどで穴《あな》を開けます。

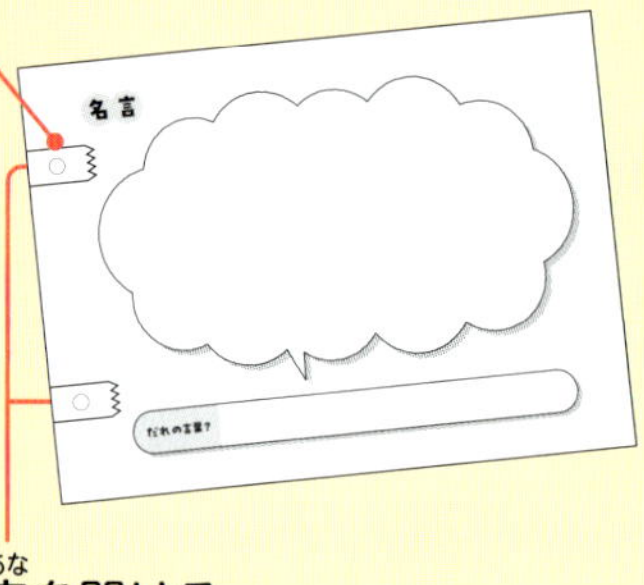

セロハンテープ

穴《あな》を開ける

セロハンテープをはってから穴《あな》を開けると、強度が増《ま》しますぞ！

3 カードをまとめて一冊《いっさつ》にする

カードをまとめたら、穴《あな》にひもを通してしばるか、2リング式のファイルに閉《と》じます。ファイルの場合、表紙はファイルの表面にはりましょう。

リング式

ひもでしばる

4 最後は回覧《かいらん》する

ブックが完成したら、クラスのみんなで読み合いましょう。だれがどんな名言を選んだのか、エピソードなども知ることで、友だちの意外な一面や、自分と似《に》ている部分などを知ることができるかもしれませんよ。

名言を選んだエピソードに共感しちゃう！

選ぶ名言に個性《こせい》が出ていておもしろいね

コピーして使ってね！

名言

だれの言葉？

キリトリ

選んだ理由や感じたこと

どんな人？
どんなときの言葉？

出典

本・作品のタイトル

著者《ちょしゃ》・監督《かんとく》

出版社《しゅっぱんしゃ》／出版《しゅっぱん》（公開）年

年　組　名前

君を応援《おうえん》する言葉　全巻《ぜんかん》さくいん

このシリーズの三冊《さんさつ》にのっている名言の一覧《いちらん》です。その言葉を言った人や、言葉が生まれた作品名などを、あいうえお順に並《なら》べました。

さくいんの見方

行：あ
人名・作品名：**あいみょん**
言葉：「恋《こい》するみんなの一生懸命《けんめい》を……」
巻《かん》：❷
ページ：36

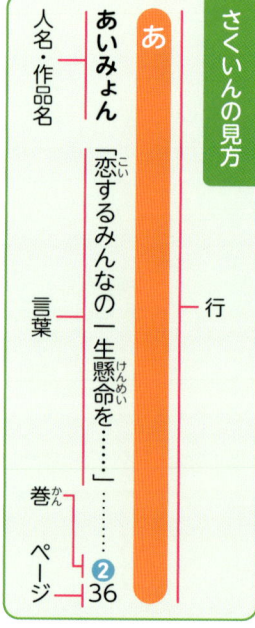

監修

白坂洋一（しらさかよういち）

筑波大学附属小学校国語科教諭・国語科主任。全国国語授業研究会副会長。小学校国語科教科書編集委員。『例解学習漢字辞典』（小学館） 編集委員。『例解学習ことわざ辞典』（小学館） 監修。著書に 『子どもを読書好きにするために親ができること』（小学館）、『子どもの思考が動き出す 国語授業4つの発問』（東洋館出版社）など多数。

表紙・本文イラスト	かない
カットイラスト	イケウチリリー
ブックデザイン	GRiD
DTP	有限会社ZEST
執筆	高島直子
校正	夢の本棚社
編集	株式会社スリーシーズン

協力・写真提供

津田梅子資料室、渋沢栄一記念財団、
北里柴三郎記念博物館、国立国会図書館、
クレジットがないものはWikimedia Commons

主な参考資料

『10代のための座右の銘』（大泉書店）
『「考える力」を育む 子どものための名言集』（池田書店）
『元気がでる日本人100人のことば （全5巻）』（ポプラ社）
『10分で読める 一流の人の名言100』（メイツ出版）
『偉人名言迷言事典』（笠間書院）
『偉人はそこまで言ってない。歴史的名言の意外なウラ側』（PHP研究所）
『ココ・シャネル 女を磨く言葉』（PHP研究所）
『牧野富太郎 雑草という草はない』（平凡社）
『三淵嘉子と家庭裁判所』（日本評論社）
『もっと知りたい葛飾北斎　改訂版』（東京美術）

君を応援する言葉①
力がわく！　偉人の名言

2025年2月10日　初版発行

監　修　白坂洋一
発行者　岡本光晴
発行所　株式会社あかね書房
〒101-0065　東京都千代田区西神田3-2-1
電話03-3263-0641（営業）　03-3263-0644（編集）
印刷所　株式会社精興社
製本所　株式会社難波製本

ISBN 978-4-251-09403-2

https://www.akaneshobo.co.jp

NDC159
白坂洋一《しらさかよういち》
君《きみ》を応援《おうえん》する言葉《ことば》①
力《ちから》がわく！　偉人《いじん》の名言《めいげん》
あかね書房　2025年
48 p　31㎝×22㎝

君を応援《おうえん》する言葉 全3巻

監修　白坂洋一

①

力がわく！

偉人《いじん》の名言

ヘレン・ケラー、 津田梅子《つだうめこ》、 織田信長《おだのぶなが》、
坂本龍馬《さかもとりょうま》、 渋沢栄一《しぶさわえいいち》、 トーマス・エジソン、
北里柴三郎《きたさとしばさぶろう》、 ココ・シャネル　ほか

②

世界が広がる！

現代《げんだい》の名言

矢部太郎《やべたろう》、 大谷翔平《おおたにしょうへい》、 バラク・オバマ、
オードリー・タン、 北口榛花《きたぐちはるか》、 黒柳徹子《くろやなぎてつこ》、
山中伸弥《やまなかしんや》、 スティーブ・ジョブズ　ほか

③

心にささる！

物語の名言

『赤毛《あかげ》のアン』、『ハイキュー!!』、『かがみの孤城《こじょう》』、
『ドラえもん』、『そして、バトンは渡《わた》された』、
『ONE PIECE《ワンピース》』、『ワンダー 君《きみ》は太陽《たいよう》』　ほか